HEIẞLUFTFRITTEUSE

165 Rezepte für die Heißluftfritteuse:

Das Rezeptbuch für die Heißluftfritteuse ohne Fett. Heißluftfritteuse Rezepte für Frühstück, Fleischgericht, Fischgerichte, Desserts u. v. m.

ISBN: 9781983113260

Einleitung

Die fettarme Zubereitung steht hier auf dem Plan und leitet zugleich das multifunktionale kochen ein. Einfach lecker, schnell und vor allem kalorienreduziert kommen die Speisen lecker und frisch auf den Tisch. Ohne fettreiches Ölbad und mit dem richtigen Biss. Ja Sie haben richtig gelesen, der Wandel der Zeit hat die Heißluftfritteusen eingeholt. Schon längst gehen sie mit dem gesundheitsbewussten Trend und sind wahre Allrounder, die in keinem Haushalt mehr fehlen dürfen.

So können auch Sie Ihre Lieblingsgerichte nicht nur frittieren, sondern backen, braten und grillen. Wer kann dazu schon nein sagen. In diesem Buch werden Sie mit köstlichen Rezeptideen verwöhnt.

Vorbei sind die Zeiten von dick werden. So begann das Zeitalter der Heißluftfritteusen, die sich nun ganz auf die Qualität und Funktionalität ohne ranziges Öl und schlechte Gerüche präsentieren. Kalorienreich war gestern, denn die Heißluftfritteusen sind die gesundheitsbewussten Nachfolger und mit einem puren Zeitgewinn versehen. Im Prinzip gelten sie als festes Inventar und arbeiten mit einer zirkulierenden Warmluft. So können auch Sie vollständige Mahlzeiten gesund und bequem kreieren. Ein wahres Überraschungspaket der abwechslungsreichen Art und ganz dem fettreduzierten Zubereiten bekannt.

So kriegen Ihre Speisen und Gerichte ihr Fett weg und Sie frittieren einfach lecker und gesund. Dazu benötigen Sie kein zusätzliches Kochgeschirr und Sie sparen Zeit und Geld. Denken Sie zudem an den hohen Nutzungskomfort und lassen sich schlichtweg von Heißluftfritteusen überraschen und sich von den vielfältigen Rezeptideen inspirieren.

Sicher wurde Ihnen auf der ersten Seite schon mal der Mund wässrig gemacht. Doch bevor wir ans Schlemmern gehen, sind Sie sicher auch neugierig was eine Heißluftfritteuse so zu bieten hat. In ihr stecken die Technologie von heute, der aktuelle Wissensstand der Hersteller und jede Menge Erfahrungsschatz und Know-how. Sozusagen ein Rundumpaket an guten Eigenschaften, die Ihre Anforderungen und Bedürfnisse bestens erfüllen.

Für Freunde und Gäste der Mittelpunkt des Kulinariums und für die Familie eine abwechslungsreiche Variante jeden Geschmack zu treffen. Für Singles wiederum ein exklusiver Ernährungsberater. Alles in allem ein unerlässlicher Helfer der auf Knopfdruck Ihre Lieblingsmahlzeit ohne Chaos im Nu zu bereitet. Doch nun folgen wir Schritt für Schritt den Produkteigenschaften und zeigen nachfolgend die Pluspunkte auf:

- Leicht zu reinigen
- Geringe Geruchsentwicklung
- Timerfunktion ermöglicht passives Kochen
- Es besteht keine Verbrennungsgefahr durch heißes ÖL
- Kein großartiger Fettwechsel nötig

Wenn sich hier mal nicht ein wahres Multitalent an guten Eigenschaften verbirgt. Die

Heißluftfritteuse ist die Alternative zum Herd, Backofen, Grill und dem Dampfgarer. Zudem optimal für kleine Küchen und platzkompatibel und handlich im Gebrauch. So sind auch ihre Einsatzgebiete weitreichend und erfüllen jeden Wunsch und bieten eine rein natürliche Geschmacksvielfalt.

Kleine Tipps mit großer Wirkung

Sie wissen ja, es kommt stets auf die Ausstattungsmerkmale an und hier tauchen Sie gleich mal in diese mit Sinn und Verstand ein. Denn immerhin soll die Heißluftfritteuse auch Ihren Geschmack ganz und gar treffen.

Kombigeräte

Heißluftfritteusen haben etliche Bezeichnungen wie „8in1" oder „Mulitcooker" was auf die Funktionsweise und den multifunktionellen Gebrauch hindeutet. So steht nicht nur das Frittieren im Raum, das können die Geräte bereits mit links, sondern viele weitere Zubereitungsarten. Mit einem Grillelement steht dem zarten Fleischgenuss nichts mehr im Wege. Die süße Variante dagegen sind Kuchen und Desserts. Mit einigem an Zubehör ist die volle Funktionalität perfekt auszuschöpfen. Hier kann man nur sagen, multifunktional und genial durchdacht.

Leistung

Sie legen Wert auf mehr Tempo, dann sollten Sie sogleich zu mehr Watt greifen. Denn hier erhalten Sie in angemessener Zeit auch schnell zubereitete Gerichte und dabei stehen Ihnen zwischen 1.200 und 2.100 Watt zur Verfügung. Eben je nach Modell und Herstellerwahl.

Behälterkapazität

Ob Großfamilien oder Singles, alle wurden im Fassungsvermögen wohlwollend bedacht. Der Gargutbehälter sollte dementsprechend der Personenzahl und Haushaltsgröße angemessen sein. Volumen ist dabei alles und so empfiehlt sich ein Fassungsvermögen von mindestens 1,2 l. Wem diese Kapazität nicht ausreicht, auch XL-Modell sind am Markt ausreichend vertreten.

Getrennte Garbehälter

Damit nicht alle Zutaten den gleichen Geschmack erhalten, bietet sich das Trennsystem an. Separat zubereitet, werden verschiedene Nahrungsmittel mit ihrem Eigengeschmack in Szene gesetzt. Als Beispiel kommt das Gemüse in den Frittier Korb und die Grillplatte wird mit Fisch oder Fleisch belegt. So erhalten Sie im Nu ein komplettes und gesundes Gericht. Die automatische Steuerung wiederum gewährleistet, dass beide Garbereiche auch gleichzeitig fertig sind. Mit einem Signalton wird dieser Vorgang praktischerweise bestätigt. So nach dem Motto „Essen ist fertig". Dann bitte zu Tisch und einen guten Appetit.

Temperaturbereiche

Die Gradzahlen stehen beim Zubereiten im Vordergrund und das in der Regel bei 60 bis 200° Grad. Ganz komfortabel und mit dem Genusssiegel bedacht. Demnach gibt es Varianten mit einem schonenden Temperaturverfahren von 150° Grad, was vorzüglich für stärkehaltige Lebensmittel ausgelegt ist. Dazu zählen die Pommes frites die dabei kaum mehr an Acrylamid aufweisen. Der Gesundheit zuliebe und dem Geschmack bedacht.

Rührarm

Ja Sie haben richtig gelesen, auch dieser ist in einigen Varianten integriert. So bietet diese Vorrichtung ein gleichmäßiges Garen und etliche Gerichte gelingen leichter, wie Gulasch und Saucen. Auch Eintöpfe werden einfach nur perfekt und es ist kaum zu glauben, dass hier eine Heißluftfritteuse dahintersteckt. Eine hohe Schaffenskunst mit einem krönenden Abschluss, nämlich dem leckeren und gesunden Genuss.

Timer und Abschaltautomatik

Praktisch und äußerst funktional kommt die Abschaltautomatik zum Zuge. So können Sie schalten und walten und der Signalton ruft nach Ablauf der Garzeit zum Essen. Dann heißt es bitte zu Tisch und das mit einem Bonus an Sicherheit. Die Autostopp-Funktion zeigt wiederum an, wenn der Deckel geöffnet ist. Ideal und optimal bei Kindern, denn hier besteht keine Verletzungsgefahr.

Countdown und Sichtfenster

Ob analog oder digital, Sie erhalten im Nu die Restdauer des Garvorgangs und haben jederzeit die volle Einsicht. Mit einem transparenten Gehäuse, haben Sie stets den Einblick ins Geschehen.

Zu guter Letzt die Gehäusetemperatur und die Bedienelemente

Wählen Sie doch gleich die teurere Variante und profitieren Sie von Automatikprogrammen und einem extravaganten Touchdisplay. Klingt nicht nur wunderbar, es ist auch traumhaft zu bedienen. Denn bei einfachen Geräten steht nur ein Drehknopfregler parat. Dieser dient wiederum zur Einstellung der Garzeit. Das zukunftsorientierte Modell minimiert sogar die Verbrennungsgefahr durch ein thermoisoliertes Gehäuse. Zudem hantieren Sie hier auch nicht mit umständlichen Ofenhandschuhen, sondern mit einem isolierten Griff am Gargutbehälter und Frittier-Korb.

Nun können Sie sich ganz gezielt und mit Bedacht Ihrer Heißluftfritteuse widmen, die einen Mehrwert an kochkompatibler Gesellschaftsfähigkeit erzeugt.

Inhaltsverzeichnis

Hinweis zu den Rezepten

Jetzt kommen noch einige Hinweise zu den 165 Rezepten:

Es gibt keine Fotos zu den einzelnen Rezepten!

Bevor es Kritik hagelt zu fehlenden Bildern, schließlich handelt es sich ja um ein Kochbuch, eine kurze Erklärung. Teure Kochbücher, die 20€, 30€ und mehr kosten, haben von jedem einzelnen Gericht wunderschöne und den Appetit anregende Fotos – das Auge isst ja schließlich mit! Sie sind groß, dick, schwer und unhandlich. In einer Küche ist erfahrungsgemäß wenig Platz und für ein großes Kochbuch erst recht nicht. Gerade während des Kochens fehlt es oft an Platz. Schöne und teure Kochbücher sind eigentlich zu schade, um sie in der dreckigen Küche irgendwo hinzulegen, sie könnten ja schmutzig werden!

Bilder verbrauchen viel Platz, treiben die Druckkosten und damit den Preis in die Höhe und bieten nur selten einen wirklichen Mehrwert beim Kochen. Das fertige Gericht sieht selten wie auf dem Foto aus und hilft beim Kochen selten bis gar nicht – da kann man sich die Bilder auch gleich sparen. Dieses Heißluftfritteuse Kochbuch kommt ganz ohne Bilder aus, dies ermöglicht ein handliches Taschenbuchformat und einen Preis von unter 10€ (inklusive Versand versteht sich). Das Buch findet überall Platz in der Küche und es ist nicht schlimm, wenn Fett- oder Wasserspritzer auf dem Buch landen. Jedes Rezept ist detailliert beschrieben und das Nachkochen ist super einfach. Zudem sind die Rezepte klar und verständlich strukturiert und befinden sich jeweils auf einer Seite, das macht hin und her blättern unnötig.

Frühstück

Eier-Muffins

Arbeitszeit: 30 bis 60 Minuten Schwierigkeitsgrad: einfach

Zutaten für 4 Portionen:

- Silikon Muffin-Form
- 4 Scheiben Toast
- 4 Scheiben Speck
- Flüssige Butter
- 4 Eier
- Salz und Pfeffer

Zubereitung:

1. Das Toastbrot mit einem Nudelholz flach wälzen und aus jeder Scheibe einen großen Kreis mit einem Glas ausstechen und anschließend in der Mitte halbieren.
2. Die Muffin-Förmchen mit der flüssigen Butter bestreichen.
3. In jede Muffin-Form kommen je 2 Halbkreise vom Toast, dazu jeweils eine Scheibe Speck und ein Ei hinzugeben. Danach noch Salzen und Pfeffern.
4. Bei 190 Grad ca. 15 Minuten backen.

Gekochte Frühstückseier

Arbeitszeit: 15 Schwierigkeitsgrad: einfach

Zutaten für 2 Portionen:

- 2 Eier der Größe M

Zubereitung:

1. Heißluftfritteuse auf 180 Grad vorheizen.
2. Eier in den Behälter der Heißluftfritteuse legen.
3. Bei 180 Grad für 10 Minuten garen.
4. Danach mit Wasser abschrecken und genießen.

Für weiche Eier 7 Minuten garen.

Für wachsweiche Eier 8 Minuten garen.

Für ganz harte Eier 10 Minuten garen.

Müsliriegel zum Frühstück

Arbeitszeit: 60 Minuten Schwierigkeitsgrad: normal

Zutaten für 2 Portionen:

- 300 g Haferflocken
- 100 g Aprikosen (getrocknet)
- 50 g Cranberries
- 50 g Kürbiskerne
- 6 EL Agavendicksaft
- 6 EL Sesampaste
- 1 Apfel
- 1 Banane
- 50 g Kokosöl
- 150 ml heißes Wasser
- Saft von einer halben Zitrone

Zubereitung:

1. Zitronensaft, Kokosöl, und Sesampaste erhitzen. Apfel schälen und reiben, Banane pürieren und danach alle Zutaten mit dem heißen Wasser und dem Agavendicksaft vermischen.
2. Eine Backform mit Backpapier auslegen und die Mischung aus allen Zutaten auf die Backform geben.
3. Die Backform in der Heißluftfritteuse platzieren und bei 140 Grad ca. 40 Minuten backen.
4. Danach abkühlen lassen und in kleine Riegel schneiden.

Wraps

Arbeitszeit: 30 Minuten Schwierigkeitsgrad: leicht

Zutaten für 2 Portionen:

- 2 fertige Wraps
- 2 EL Joghurt
- 2 Eier
- 2 Scheiben Speck
- 4 Champignons
- 2 EL geriebener Käse
- 1 Tomate in kleine Würfel schneiden
- 1 Gurke in Würfel schneiden
- Etwas Eisbergsalat klein schneiden
- Salz und Pfeffer

Zubereitung:

1. Den Speck in der Heißluftfritteuse bei 180 Grad kurz anbraten und beiseitelegen.
2. Eier cremig rühren und mit Salz und Pfeffer abschmecken. Danach in den Behälter der Heißluftfritteuse gießen. Bei 170 Grad mit der Rührfunktion stocken lassen.
3. In der Zwischenzeit den Joghurt mit Salz und Pfeffer würzen.
4. Den Wrap mit der Joghurtmasse bestreichen, mit Tomaten, Gurken, Salat, dem Ei und dem Speck belegen und einrollen.
5. Fertig ist ein leckeres Frühstück.

Schinken-Käse-Croissant

Arbeitszeit: 30 Minuten Schwierigkeitsgrad: einfach

Zutaten für 2 Portionen:

- 80 g gewürfelter Speck
- Croissant Teig
- 80 g geriebene Käse
- 200 ml Sauerrahm
- Gewürze
- Petersilie gehackt
- Schnittlauch gehackt
- Eigelb

Zubereitung:

1. Schinken, Käse, Sauerrahm, Petersilie und Schnittlauch vermengen.
2. Den Croissant Teig ausbreiten und mit dem verquirlten Eigelb bestreichen.
3. Nun die Schinken-Käse-Masse auf den Teig geben und den Teig so zusammenrollen, dass eine klassische Croissant-Form entsteht.
4. Von außen nochmal mit dem Eigelb bestreichen und für ca. 20 Minuten bei 160 Grad in der Heißluftfritteuse backen.

Frühstückswaffeln

Arbeitszeit: 15 Minuten Schwierigkeitsgrad: leicht

Zutaten für mehrere Portionen:

- Silikonform für Waffeln
- 250 g Butter
- 250 g Zucker
- 4 Eier
- 500 ml Milch
- 500 g Mehl
- 1 Packung Backpulver
- 1 Packung Vanillezucker
- Etwas Zitronenaroma

Zubereitung:

1. Alle Zutaten mit einem Handmixer gut vermischen.
2. Für die Waffel eine Silikonform benutzen, da diese für Backöfen und Heißluftfritteusen geeignet ist.
3. Den Waffelteig in der Heißluftfritteuse bei 170 Grad 3-4 Minuten backen. Bitte aufpassen, da die Waffel sehr schnell fertig sein kann.
4. Danach die Waffel aus der Silikonform nehmen und mit Puderzucker und Früchten servieren.

Eier-Brötchen zum Frühstück

Arbeitszeit: 20 Minuten Schwierigkeitsgrad: leicht

Zutaten für 1 Portion:

- 1 Vollkornbrötchen (Semmel)
- 1 Tomate
- 1 Ei
- 1 kleine Schalotte
- 2 Scheiben Schinken
- Paprikapulver
- Salz und Pfeffer

Zubereitung

1. Das Brötchen oder die Semmel in 2 Hälften der Länge nach schneiden und eine Hälfte wird dabei aus gehüllt.
2. Die vorgeschlagenen Zutaten klein schneiden oder würfeln und in die ausgehöhlte Hälfte geben.
3. Das verquirlte Ei mit Paprikapulver, Pfeffer und Salz würzen, vermischen und über das Brötchen gießen.
4. Bei ca. 200 Grad etwa 10 Minuten in der Heißluftfritteuse backen.

Spargel zum Frühstück

Arbeitszeit: 30 Minuten Schwierigkeitsgrad: einfach

Zutaten für 2 Portionen:

- 6 Stangen Spargel
- Vollkornbrot in Stücke geschnitten
- 4 Eier
- 3 EL Vollmilch
- Halbe Tasse geriebenen Käse
- 2 EL gehackte Petersilie
- Salz und Pfeffer

Zubereitung:

1. Den Spargel und 1 EL Wasser in den Behälter der Heißluftfritteuse geben und bei 165 Grad für ca. 3-5 Minuten knusprig backen. Danach den Spargel herausnehmen und abtropfen lassen.
2. In einer mittelgroßen Schüssel die Eier mit der Milch verquirlen, danach Käse, Petersilie, Salz und Pfeffer hinzufügen und nochmal gut vermischen.
3. Bei 165 Grad ca. 11-15 Minuten backen.
4. Die Eiermischung mit dem Spargel und den Vollkornbrot-Stückchen auf einem Teller servieren.

Hawaii Toast

Arbeitszeit: 30 bis 60 Minuten Schwierigkeitsgrad: normal

Zutaten für 2 Portionen:

- 2 Toastscheiben
- 2 Scheiben Schinken
- 1 Scheibe Sandwichkäse
- 1 Scheibe Ananas

Zubereitung:

1. Toastscheiben bei 180 Grad für 2 Minuten in der Heißluftfritteuse vortoasten.
2. Danach mit den Zutaten belegen und noch mal bei 180 Grad für ca. 3 Minuten backen.

Garnelen und Reis Frittata

Arbeitszeit: 30 Minuten Schwierigkeitsgrad: normal

Zutaten für 4 Portionen:

- 4 Eier
- Prise Salz
- ½ TL getrocknetes Basilikum
- Kochspray
- 100 g gekochter Reis
- 100 g gehackte und gekochte Garnelen
- 100 g Spinat
- 100 g geriebener Käse

Zubereitung:

1. In einer kleinen Schüssel die Eier mit dem Salz und dem Basilikum schaumig schlagen.
2. Den Behälter von der Heißluftfritteuse mit dem Kochspray besprühen.
3. Reis, Garnelen und den Spinat in den Behälter geben. Die Ei-Mischung darüber verteilen und oben drauf mit dem Käse bestreuen.
4. Bei 160 Grad ca. 14-18 Minuten backen, oder bis die Frittata aufgebläht und goldbraun ist.

Scotch Eier

Arbeitszeit: 30 Minuten Schwierigkeitsgrad: einfach

Zutaten für 6 Portionen:

- 6 Eier hart gekocht
- 600 g Hähnchen- oder Putenhack
- 3 rohe Eier
- 300 g getrocknete Semmelbrösel
- 100 g Mehl
- Etwas Öl

Zubereitung:

1. Die hart gekochten Eier schälen und beiseite stellen.
2. In einer großen Schüssel das Hähnchenhack, 1 rohes Ei und 100 g Semmelbrösel gut vermischen. Die Mischung in 6 Stücke teilen und zu kleinen ovalen Bällchen formen.
3. In einer flachen Schüssel die restlichen 2 rohen Eier verquirlen.
4. Anschließend die hart gekochten Eier in Mehl wälzen und mit der Hähnchenhack-Mischung ummanteln.
5. Das ummantelte Ei mit Mehl bestreuen, in die verquirlten Eier eintauchen und schließlich in den Semmelbrösel wälzen.
6. Den Behälter der Heißluftfritteuse mit Öl bestreichen und die panierten Eier in den Behälter legen.
7. Bei 185 Grad ca. 6-7 Minuten anbraten, danach wenden und weitere 6-7 Minuten anbraten.

Omelett im Brötchen

Arbeitszeit: 20 Minuten Schwierigkeitsgrad: einfach

Zutaten für 4 Portionen:

- 4 knusprige Brötchen
- 4 Scheiben Käse (Gouda)
- 5 Eier
- 2 EL Sahne
- ½ TL getrockneter Thymian
- 3 Scheiben Speck kurz anbraten und würfeln
- Salz und Pfeffer

Zubereitung:

1. Brötchen in 2 hälften schneiden und das Innere auskratzen.
2. 1 Käsescheibe, in das ausgehüllten Brötchen legen und vorsichtig randrücken.
3. In einer mittelgroßen Schüssel die Eier mit der Sahne verquirlen. Dann mit Thymian, Speckwürfel, Salz und Pfeffer vermischen.
4. Geben Sie etwa 3 EL von der Eimischung in das Brötchen mit dem Käse und Backen diese in der Heißluftfritteuse bei 160 Grad ca. 8-12 Minuten.

Niederländischer Pfannkuchen

Arbeitszeit: 20 Minuten Schwierigkeitsgrad: einfach

Zutaten für 4 Portionen:

- 2 EL Butter
- 3 Eier
- 100 g Mehl
- 125 ml Milch
- ½ TL Vanillezucker
- 300 g Erdbeeren geschnitten
- 2 EL Puderzucker

Zubereitung:

1. Heißluftfritteuse auf 160 Grad vorheizen. Dann die Butter in den Behälter geben und erhitzen bis diese schmilzt.
2. Inzwischen in einer mittelgroßen Schüssel Eier, Mehl, Milch, und Vanillezucker mit einem Schneebesen gut schaumig schlagen.
3. Jetzt den Behälter mit der geschmolzenen Butter nehmen und dort die Mischung hineingeben.
4. Bei 160 Grad für 12-16 Minuten backen oder bis der Pfannkuchen aufgeblasen ist.
5. Aus der Fritteuse nehmen, mit Erdbeeren und Puderzucker belegen und sofort servieren.

Affenbrot

Arbeitszeit: 15 Minuten Schwierigkeitsgrad: einfach

Zutaten für 4 Portionen:

- 200 g Kekse (z.B. Butterkekse)
- 50 g Zucker
- 3 EL brauner Zucker
- ½ TL Zimt
- Muskat
- 3 EL Butter (geschmolzen)

Zubereitung:

1. Butterkekse in 4 Stücke teilen.
2. Den weißen Zucker, braunen Zucker, Zimt und Muskat in einer flachen Schüssel vermischen.
3. Jeden Keks kurz in die geschmolzene Butter tauchen und danach in der Zuckermischung wenden.
4. In einen Behälter der Heißluftfritteuse legen und bei 180 Grad ca. 6-9 Minuten backen oder bis sie goldbraun sind. 5 Minuten abkühlen lassen und servieren.

Vegane Quark-Donuts

Arbeitszeit: 20 Minuten Schwierigkeitsgrad: einfach

Zutaten für 6 Portionen:

- Quark-Teig
- 125 g Sojajoghurt
- 25 g Sojamilch
- 50 g Pflanzenöl
- 30 g Zucker
- 1 Pckg. Vanillezucker
- 1 Prise Salz
- 250 g Mehl
- 10 g Backpulver
-
- Zum Wälzen:
- 25 g Margarine
- 40 g Zucker
- 1 Pckg. Vanillezucker

Zubereitung:

1. Alle Zutaten für den Quark-Teig vermengen und zu einem Teig kneten. Danach ca. 6-8 Millimeter dünn ausrollen. Arbeitsfläche vorher mit Mehl bestreuen!
2. Die Heißluftfritteuse auf 170 Grad vorheizen.
3. In der Zwischenzeit Vanillezucker und Zucker in einer flachen Schüssel vermengen.
4. Mit einer Ausstechform (Durchmesser 8 cm) die Donuts ausstechen. Für das kleine Donut-Loch nehmen Sie eine kleinere Ausstechform.
5. 3-4 Donuts in den Behälter geben und 5 Minuten backen, bis diese goldbraun werden.
6. Danach mit der geschmolzenen Margarine einpinseln und in der Zucker-Mischung wälzen.

Fleischgerichte

Falscher Hase mit Schmorwurzelgemüse

Arbeitszeit: 30 bis 60 Minuten Schwierigkeitsgrad: einfach

Zutaten für 2 Portionen:

- 250 g gemischtes Hackfleisch
- 250 g Wurzelgemüse
- 1 Ei (S)
- 1 kleine weiße geschälte und kleingewürfelte Zwiebel
- 1 kleine Zwiebel rot geschält und in kleine Würfel geschnitten
- 1 Knoblauchzehe zerdrückt
- 2 Scheiben Toast
- ½ TL Majoran
- ½ TL Estragon-Senf
- 1 Prise gemahlenen Kümmel
- 125 ml Gemüsesuppe
- Pfeffer und Salz

Zubereitung:

1. Das Wurzelgemüse gut schälen, die Enden abschneiden, der Länge nach halbieren und in Stücke schneiden, danach salzen.
2. In der Heißluftfritteuse das Wurzelschmorgemüse mit der roten Zwiebel in der Backform bei 180 Grad 10 Minuten lang anbraten.
3. In der Zwischenzeit in einer Schüssel das zerbröselte Toastbrot, mit Ei, Hackfleisch, Knoblauch, Zwiebel, Senf und den Gewürzen vermengen.
4. Nun in 2 längliche Stangen formen und gut in Form bringen. Zum Wurzelgemüse die heiße Gemüsebrühe geben und den falschen Hasen darauf legen. Das Ganze bei 170 Grad 25 bis 30 Minuten gut durchbraten.
5. Das Gemüse nach dem Garprozess abschmecken, den falschen Hasen aufschneiden und mit dem Wurzelgemüse servieren.

Blutwurstgröstl mit Krautsalat

Arbeitszeit: 30 bis 60 Minuten Schwierigkeitsgrad: einfach

Zutaten für 2 Portionen:

- 250 g gekochte und geschälte Kartoffeln vom Vortag
- 150 g Blutwurst
- 1 Knoblauchzehe
- 1 kleine weiße Zwiebel
- 2 Stangen Lauchzwiebel
- 1 Prise gemahlenen Kümmel
- ½ TL getrockneten Majoran
- ½ TL ganzer Kümmel 125 ml Rinderbrühe
- 25 ml Essig
- Sonnenblumenöl
- Pfeffer und Salz

Zubereitung:

1. Den gesäuberten Weißkrautkopf waschen, in dünne Scheiben schneiden oder hobeln.
2. Das Weißkraut mit dem ganzen Kümmel und einem Teelöffel Salz mischen und 15 Minuten ziehen lassen. Im Anschluss die Rinderbrühe aufkochen, Essig dazugeben und über das Kraut verteilen. Nochmals gute 15 Minuten ziehen lassen.
3. Die gewaschenen und geschnittenen Kartoffeln in mundgerechte Stücke schneiden und mit einem Teelöffel Sonnenblumenöl bei 180 für ca. 8 bis 10 Minuten in der Heißluftfritteuse backen und ab und an wenden.
4. Lauchzwiebel waschen und in schräge Ringe schneiden und den Knoblauch und die Zwiebel schälen und feinwürfelig schneiden.
5. Die geschnittene Blutwurst zu den Kartoffeln geben und bei 180 Grad weitere 20 Minuten lang anbraten und gelegentlich umrühren.
6. Nach dem Garporzess alles gut abschmecken und mit dem Krautsalat servieren.

Rinderrouladen

Arbeitszeit: 30 bis 60 Minuten Schwierigkeitsgrad: einfach

Zutaten für 4 Portionen

- 100 g Bauchspeck
- 4 Scheiben Rouladen-Fleisch
- 100 g Lauch
- 4 Essiggurken
- 2 EL Dijon-Senf oder süßen Senf
- Öl
- Pfeffer und Salz

Zubereitung:

1. Das Rouladen-Fleisch dünn klopfen, danach salzen, pfeffern und mit dem Senf bestreichen.
2. Die Essiggurken kleinwürfelig schneiden, den Speck in dünne Scheiben oder auch würfeln und den Lauch in dünne Ringe schneiden. Die Zutaten auf die bestrichene Seite der Roulade geben.
3. Danach Rouladen zusammenrollen und mit einem Zahnstocher befestigen. In die Heißluftfritteuse einen Schuss Öl geben und 15 Minuten bei 165 Grad garen.
4. Aus dem ausgetretenen Fleischsaft kann eine Soße hergestellt werden.
5. Als Beilage empfiehlt sich ein Kartoffelpüree.

Fleischpflanzerl mit Tomaten und Oliven – Singlevariante

Arbeitszeit: 30 bis 60 Minuten Schwierigkeitsgrad: einfach

Zutaten für 1 Portion

- 150 g gemischtes Hackfleisch
- 1 Ei
- 1 alte Semmel vom Vortag
- 1 kleine geschälte und gewürfelte Schalotte
- 1 geschälte und zerdrückte Knoblauchzehe
- Öl
- Gehackter Majoran
- Etwas Thymian
- Pfeffer und Salz
- Gemüsesauce:
- 100 g Kirschtomaten
- 1 Frühlingszwiebel in Ringe geschnitten
- Etwas Chilipulver
- 1 kleine geschälte Schalotte in Würfel geschnitten
- 5 Oliven entkernt und gewürfelt
- 80 ml Tomatensaft
- 80 ml Gemüsebrühe
- Gehackter Majoran
- Pfeffer und Salz

Zubereitung:

1. Für die Fleischpflanzerl die alte Semmel in Wasser einweichen, ausdrücken und unter das gemischte Hackfleisch geben. Mit Ei, Senf, Knoblauch, Zwiebel sowie Pfeffer und Salz vermengen. Im Nachgang mit Thymian und Majoran abschmecken.
2. In gleichgroße Pflanzerl formen und mit einem Esslöffel Öl bei 180 Grad, 8 Minuten lang in der Heißluftfritteuse anbraten.
3. Die Schalotten und die Frühlingszwiebel in feine Ringe schneiden. Das Chilipulver, die Kirschtomaten, den Tomatensaft und die Gemüsebrühe mit den Oliven zu dem Fleischpflanzerl geben und 15 Minuten bei 180 Grad garen. Im Nachgang mit den Gewürzen noch abschmecken.

Schweinelungenbraten im Speckmantel

Arbeitszeit: 30 bis 60 Minuten Schwierigkeitsgrad: einfach

Zutaten für 4 Portionen:

- 500 g Schweinelungenbraten
- 100 g Speck
- 1 TL Kapern
- 1 guter EL Creme fraîche
- 130 ml Rinderfond
- 1 Knoblauchzehe
- 1 EL Butter
- Etwas Öl
- Pfeffer und Salz

Zubereitung:

1. Den Lungenbraten am besten vom Metzger des Vertrauens kaufen. Mit Pfeffer, Salz, gepresstem Knoblauch einreiben und mit den Speckstreifen umwickeln. Das Ganze für gute 30 Minuten einwirken lassen.
2. Anschließend kurz in der Pfanne von allen Seiten heiß anbraten und in die Backform der Heißluftfritteuse geben. Das ausgetretene Fett, Öl und Butter dazugeben, ca. 15 Minuten bei 160 Grad braten.
3. Die Kapern klein schneiden und mit dem Rinderfond reduzieren, danach Creme Fraîche einrühren und abschmecken.
4. Den Schweinslungenbraten im Speckmantel nach der Garzeit aufschneiden und mit der Sauce anrichten. Dazu passen allerlei Gemüse, Kartoffeln und Reis.

Schweinebraten

Arbeitszeit: 60 Minuten Schwierigkeitsgrad: normal

Zutaten für 4 Portionen:

- 1,5 kg Schweinefleisch mit Kruste
- 2 Gewürznelken
- 3 Knoblauchzehen
- 1 TL Rosmarin
- 1 Lorbeerblatt
- 1 EL Pflanzenöl
- Kürbiskerne
- 1 Bund Suppengemüse
- 200 ml Rinderfond
- 200 g Lauch
- ½ l Bier
- Pfeffer und Salz

Zubereitung:

1. In das Pflanzenöl den gerebelten Rosmarin, Pfeffer, Salz die Kürbiskerne und die Gewürznelken geben. Vorher gut im Mörser zerstoßen.
2. Den Schweinebraten an der Schwarte einschneiden (Rautenmuster) oder vom Metzger einritzen lassen.
3. Nun die Gewürzmischung einmassieren und diese nach unten in die Backform der Heißluftfritteuse geben. Mit 1 cm Wasser auffüllen und bei 200 Grad 15 Minuten anbraten. Den Schweinebraten umdrehen und nochmals gute 15 Minuten braten.
4. Zwischenzeitlich das Suppengrün verarbeiten, Lauch, Karotte, usw. waschen, schälen und klein schneiden. Dieses dem Schweinebraten hinzugeben, mit Bier übergießen und ein Lorbeerblatt hinzufügen.
5. Nochmal 45 Minuten bei 175 Grad garen lassen und immer wieder mit dem entstandenen Bratensaft übergießen. Die Sauce nach dem Garprozess fein pürieren und in der Zwischenzeit das Fleisch rasten lassen. Nun kann mit Kartoffel- oder Semmelknödel angerichtet werden.

Fleischspieße mit Letscho

Arbeitszeit: 15 bis 30 Minuten Schwierigkeitsgrad: einfach

Zutaten für 4 Portionen:

- 500 g Schweinefleisch aus dem Nacken
- 1 Schalotte
- Marinade:
- 2 EL Ketchup
- 2 Knoblauchzehen
- 3 EL Paprika
- 4 EL Pflanzenöl
- Letscho:
- 500 g Tomaten aus der Dose
- 6 Paprika
- 1 Zwiebel
- 1 Prise Paprikapulver
- 125 ml Wasser
- Pfeffer und Salz

Zubereitung:

1. Das Schweinefleisch in grobe Würfel schneiden, die geschälte Zwiebel grob hacken und die geschälte Schalotte in breite Spalten schneiden. Den geschälten Knoblauch wiederum pressen und die geputzte Paprika in große Würfel schneiden.
2. Anschließend alle Zutaten für die Marinade verrühren, unter die Fleischwürfel mischen und eine ½ Stunde darin marinieren.
3. Die Zwiebel in einer heißen Pfanne mit Öl anschwitzen, 2/3 der Paprika untermengen, mit Paprikapulver sowie Pfeffer und Salz würzen. Nun mit den Tomaten in der Dose ablöschen und nochmals nachwürzen.
4. Anschließen die Fleischwürfel abtropfen und mit der noch verbleibenden Paprika und der Schalotte auf einen Spieß stecken.
5. Bei 180 Grad für 5 bis 10 Minuten grillen und die leckeren Fleischspieße mit dem pikanten Letscho servieren.

Spareribs

Arbeitszeit: 60 Minuten Schwierigkeitsgrad: einfach

Zutaten für 4 Portionen:

- 2 Spareribs
-
- Marinade:
- 2 EL Honig
- 4 EL Sojasauce
- 3 EL Olivenöl
- 1 TL Chilipulver
- 1 EL brauner Zucker
- 1 kleine Dose Tomaten in kleinen Stückchen
- 5 EL Apfelsaft

Zubereitung:

1. Die Silberhaut mit einem kräftigen Ruck durch leichtes einschneiden abziehen und entfernen.
2. Für die Marinade die Zutaten verrühren und über Nacht in den Spareribs einziehen lassen. Damit wird der Geschmack intensiviert.
3. Die gut abgetropften Spareribs am nächsten Tag bei 150 Grad zwischen 60 und 90 Minuten lang in der Heißluftfritteuse grillen.

Fleischklößchen mit Salzkartoffeln auf Senfrahmsauce und Preiselbeeren

Arbeitszeit: 30 bis 60 Minuten Schwierigkeitsgrad: einfach

Zutaten für 2 Portionen:

- 250 g gemischtes Hackfleisch
- 350 g festkochende Kartoffeln
- 1 kleiner Bund frische Petersilie
- 50 ml Rinderbrühe
- 2 Knoblauchzehen
- 150 g Frischkäse
- 1 weiße geschälte Zwiebel
- 1 EL Senf nach Wahl
- ½ TL getrockneter Thymian
- Preiselbeermarmelade
- Sonnenblumenöl
- Pfeffer und Salz

Zubereitung

1. Die Kartoffeln waschen, schälen, vierteln und mit Salzwasser in einem Topf zum Kochen aufstellen.
2. Das Hackfleisch mit der fein gehackten Zwiebel, den Gewürzen, Knoblauchwürfel und der gehackten Petersilie gut vermengen.
3. Im Nachgang 3 bis 4 cm große Kugel daraus formen und diese auf die Grilltasse der Heißluftfritteuse geben.
4. Nun 1 TL Sonnenblumenöl in den Gar-Raum geben und die Fleischklöße bei 175 Grad 10 Minuten lang garen und zwischendurch wenden.
5. Anschließend den Frischkäse, die Brühe und den Senf in die Backform geben und glattrühren. Das Ganze bei 175 Grad nochmals 10 Minuten lang fertiggaren.
6. Mit Preiselbeermarmelade anrichten und servieren.

Costoletta alla milanese

Arbeitszeit: 5 bis 15 Minuten Schwierigkeitsgrad: einfach

Zutaten für 4 Portionen:

- 4 ausgelöste Kalbskoteletts
- 200 g Weißbrot
- 50 ml Olivenöl
- 2 Eier
- Zitronenscheiben zum Garnieren
- Pfeffer und Salz

Zubereitung:

1. Die ausgelösten Koteletts klopfen, pfeffern und salzen. In Mehl, Ei und Semmelbrösel wenden und in die Heißluftfritteuse Öl geben.
2. Bei 120 Grad 10 Minuten braun ausbacken. Hin und wieder wenden.
3. Vor dem Servieren mit einer Zitronenscheibe garnieren. Als Beilage bietet sich ein Salat, ein Baguette oder Pommes an.
4. Ein schnelles und sehr einfaches Gericht, das auch einfach lecker ist.

Rippchen

Arbeitszeit: 20 Minuten Schwierigkeitsgrad: einfach

Zutaten für 2 Portionen:

- 1 kg Kotelett-Rippchen
- 6 Kirschtomaten
- 1 EL Gyros Gewürz

Zubereitung

1. Wieder ein schnelles, einfaches und leckeres Fleischgericht. Die Silberhaut von den Rippchen entfernen, damit wird das Fleisch zarter.
2. Die Tomaten waschen den Stilansatz entfernen und einritzen. Danach mit Kräutersalz würzen.
3. Das Gyros Gewürz gut ins Fleisch einreiben und im Nachgang die Rippchen in einzelne Stückchen schneiden.
4. In die Heißluftfritteuse geben und bei 100 Grad 35 Minuten grillen. Nach 20 Minuten nachsehen wie weit der Garprozess ist. Ohne Fett dafür mit viel Geschmack kreiert.
5. Dazu passen Salate, Kartoffeln, Baguette oder auch Reis.

Wiener Schnitzel

Arbeitszeit: 15 bis 30 Minuten Schwierigkeitsgrad: einfach

Zutaten für 4 Portionen:

- 500 Kalbsschnitzel
- 3 EL Mehl
- 4 EL feine Semmelbrösel
- 2 Eier
- Frische gehackte Petersilie
- Saft einer halben Zitrone
- 2 EL Raps Kernöl

Zubereitung

1. Die Kalbsschnitzel bei Bedarf nachklopfen, salzen, pfeffern und mit frischem Zitronensaft würzen.
2. Anschließend die Petersilie fein hacken und mit den Eiern verquirlen.
3. Die Schnitzel in Mehl, Ei und Semmelbrösel tunken und dabei die Semmelbrösel zum Schluss gut andrücken.
4. In die Heißluftfritteuse einen ½ Esslöffel Rapsöl geben und die Wiener Schnitzel hinzufügen. Nochmal einen ½ Esslöffel Rapsöl darüber gießen und bei 120 Grad ca. 15 Minuten lang braten.
5. Als Beilage passen perfekt Kartoffeln, Pommes, Salat oder auch ein Baguette.

Gegrillte hohe Rippe mit würziger Soße

Arbeitszeit: 15 bis 30 Minuten Schwierigkeitsgrad: einfach

Zutaten für 4 Portionen:

- 1,2 kg hohe Rippe
- 2 EL Kétchup
- 1 EL Oliven Öl
- ½ TL Ingwer gerieben
- 1 EL Dijon-Senf
- ½ TL gemahlener Kurkuma
- ½ TL Salz

Zubereitung

1. Damit der Fleischgenuss besonders zart ist, die hohe Rippe ca. 1 Stunde vor der Bearbeitungszeit aus dem Kühlschrank nehmen. Im Nachgang salzen und mit Öl bestreichen.
2. Mit den restlichen Zutaten die Soße zubereiten.
3. Nun die Heißluftfritteuse auf 120 Grad bringen und die hohe Rippe auf den Rost legen.
4. Je nach Wunsch und Geschmack etwa
   - 7 bis 8 Minuten pro Seite garen (englisch)
   - 9 bis 10 Minuten pro Seite (medium rare)
   - 11 bis 12 Minuten pro Seite (rosa)

   Wer möchte, kann die hohe Rippe auch durchbraten dafür benötigt es 13 bis 14 Minuten pro Seite.
5. Anschließend die hohe Rippe etwas ruhen lassen, in Scheiben schneiden und mit einer leckeren Soße genießen.

Saftige BBQ-Ribs ohne Knochen

Arbeitszeit: 60 bis 90 Minuten Schwierigkeitsgrad: normal

Zutaten für 3 Portionen:

- 500 g Rinderlende
- 1 EL Knoblauchpulver
- 1 EL Zwiebelpulver
- 50 ml rauchige Barbecuesoße
- 2 EL Chilipulver
- 1 EL gelber Senf
- 50 ml zerlassene Aprikosenmarmelade

Zubereitung

1. Die Lende der Länge nach schneiden aber nicht ganz durch. So können Sie sie wie ein Buch öffnen. Im Nachgang auf eine gleichmäßige Dicke hin klopfen. Nun die Lende bis zur Hälfte hin einritzen und einen Abstand von 2,5 cm lassen. So ähnelt es einem Rippenstück.
2. Alle Gewürze vermengen und gleichmäßig auf dem Fleisch verteilen. Zwischenzeitlich die Soße mit dem Senf und der zerlassenen Marmelade gut verteilen. Etwa 2 Esslöffel der Soße zum Bestreichen der Lende verwenden.
3. Die rechtliche Soße beiseitestellen.
4. Die BBQ-Ribs bei 150 Grad für ca. 60-90 Minuten grillen.
5. Mit der restlichen Soße servieren.

Orientalische Lammkoteletts

Arbeitszeit: 30 Minuten Schwierigkeitsgrad: einfach

Zutaten für 8 Portionen:

- 16 Lammkoteletts
- 2 EL frischer Zitronensaft
- 4 EL Olivenöl
- 2 TL gehackter Koriander
- 2 TL gehackte Petersilie
- 1 ½ TL grobes Salz
- 1 TL geriebener Ingwer
- 1 TL gemahlener Kreuzkümmel
- ½ TL Cayennepfeffer

Zubereitung

1. Die Koteletts mit der Marinade der Zutaten einreiben und etwa 2 Stunden marinieren und dabei an einen kühlen, aber nicht zu kalten Ort stellen.
2. Die Heißluftfritteuse einschalten und je nach Größe die Lammkoteletts darin unterbringen und von jeder Seite 4 Minuten bei 160 Grad garen. Dabei sollte das Fleisch zart rosa sein.

Chili con Carne

Arbeitszeit: 40 Minuten Schwierigkeitsgrad: normal

Zutaten für 3 Portionen:

- 300 g Hackfleisch (gemischt)
- 150 g Kidneybohnen
- 1 Zwiebel
- 500 g Tomatenstücke
- 250 g Chilibohnen
- Eine kleine Dose Mais
- Chilipulver
- 1 Knoblauchzehe
- Salz und Pfeffer
- Etwas dunkle Zartbitterschokolade

Zubereitung

1. In die Heißluftfritteuse kommen der gehackte Knoblauch, Salz, Pfeffer, gehackten Zwiebeln und das Hackfleisch.
2. Gute 8 Minuten bei 100 Grad in der Heißluftfritteuse anbraten und nach dieser Zeit den Mais, die Bohnen und die Tomaten hinzugeben. Ebenfalls das Chilipulver für 30 Minuten mit garen.
3. Wenn nötig mit Wasser aufgießen, damit das Chili nicht zu trocken wird.
4. Nach der Garzeit die Schokolade beimengen und noch ein paar Minuten mit dem Gericht in der Heißluftfritteuse schmelzen lassen.
5. Guten Appetit.

Wagyu-Steak mit Kartoffelrösti und Sauce Béarnaise

Arbeitszeit: 30 Minuten Schwierigkeitsgrad: normal

Zutaten für 4 Portionen:

- 650 g Kartoffeln festkochend
- 4 Wagyu-Steaks
- 4 Eigelb
- 250 g Butter
- 30 ml Weißweinessig
- Muskatnuss
- Frisch gemahlener Pfeffer
- Pflanzenöl
- 40 g geschälte und kleingehackte Schalotten
- 1 EL gehackten Kerbel
- 1 EL gehackten Estragon
- Salz

Kartoffelrösti

1. Kartoffeln waschen, schälen reiben und mit den Händen die Kartoffelstärke auspressen. Jetzt mit Pfeffer, Muskat und Salz würzen.
2. Die kleinen Rösti in der Heißluftfritteuse braten und nach dem Garprozess im Ofen warmhalten.

Sauce Béarnaise

1. Die Butter klären und vorsichtig den weißen Schaum an der Oberfläche abschöpfen. Den Rest in einen Behälter geben und von weißen Fettstoffen trennen. Dabei wird nur die geschmolzene hellgelbe Butter verwendet.
2. Wein, Pfeffer, Schalotten und Essig in einem kleinen Topf reduzieren und mit 100 ml Wasser auffüllen und erneut reduzieren und im Nachgang abkühlen lassen. Anschließen kaltes Wasser und das Eigelb hinzufügen.
3. Nun auf kleiner Flamme erwärmen und dabei kräftig mit einem Schneebesen schlagen. Dabei emulgiert das Eigelb und wird schaumig und hell. Gleichzeitig von der Herdplatte nehmen. Die kalte Butter nach und nach dazugeben und weiter mit dem Schneebesen verrühren. Anschließend mit gehackten Kräutern und Salz verfeinern.
4. Die Steaks in der Heißluftfritteuse bei 120 Grad kurz garen, mit der leckeren Soße beträufeln und mit den warmgestellten Kartoffelrösti anrichten.

Überbackene Schweine Medaillons mit Kartoffelwürfelchen

Arbeitszeit: 50 Minuten Schwierigkeitsgrad: normal

Zutaten für 3 bis 4 Portionen:

- 500 g Schweinefilets und daraus 2 cm dicke Medaillons schneiden
- 1 Kugel Mozzarella (diesen in hauchdünne Scheiben schneiden)
- 250 ml Sahne
- 500 ml Milch
- 1 bis 2 Tomaten ebenfalls in hauchdünne Scheiben schneiden
- 600 g mehlige Kartoffeln
- Gewürze (Muskat, frische Kräuter, Paprika)
- Brühe
- Salz und Pfeffer

Zubereitung

1. Als erstes werden die Kartoffeln in kleine Würfel geschnitten, dazu kann auch ein Pommes-Schneider genutzt werden.
2. Nun die Sahnesoße zubereiten. Dazu Sahne, Milch und alle Gewürze hinzugeben und gut verrühren.
3. Die Kartoffelwürfel mit der Soße in die Heißluftfritteuse geben.
4. Die Garzeit beträgt dabei rund 40 Minuten bei ca. 120 Grad und im Nachgang gut würzen.
5. Auf den Grillteller der Heißluftfritteuse die Schweine-Medaillons legen und diese einschalten. Nach ca. 6 Minuten die Mozzarella- und Tomatenscheiben auf das Fleisch legen.
6. Nach ca. 4 Minuten in der Fritteuse ist das Gericht fertig.

Rind und Mango-Spieße

Arbeitszeit: 15 Minuten Schwierigkeitsgrad: leicht

Zutaten für 4 Portionen:

- 350 g Rinderlendenstück, in 2 cm dicke Würfel schneiden
- 2 EL Balsamico-Essig
- 1 EL Olivenöl
- 1 EL Honig
- ½ TL getrockneter Majoran
- Salz und Pfeffer
- 1 Mango

Zubereitung

1. Die Rinderwürfel in eine mittelgroße Schüssel geben und den Balsamico-Essig, Olivenöl, Honig, Majoran, Salz und Pfeffer hinzufügen. Gut vermischen, dann die Marinade mit den Händen in das Rindfleisch einmassieren. Beiseitelegen.
2. Nun die Schale der Mango entfernen und danach entkernen. Die Mango in 2 cm dicke Würfel schneiden.
3. Jetzt die Mango- und Rinderwürfel auf die Spieße geben.
4. Die Spieße im Frittier-Korb 4-7 Minuten lang bei 60 Grad grillen oder bis das Rinderfleisch durch ist.

Knusprige Rindfleisch Würfel

Arbeitszeit: 30 Minuten Schwierigkeitsgrad: normal

Zutaten für 4 Portionen:

- 450 g Lendenstück, in 2 cm dicke Würfel schneiden
- 200 g Käse-Pasta-Soße (Nudelsoße)
- 300 g Semmelbrösel
- 2 EL Olivenöl
- ½ TL getrockneter Majoran

Zubereitung

1. In einer mittelgroßen Schüssel das Rindfleisch mit der Nudelsoße übergießen.
2. In einer flachen Schüssel die Semmelbrösel, das Öl und den Majoran vermischen. Die Rinderwürfel nacheinander in die Paniermehlmischung legen, um sie gut zu beschichten.
3. Backen Sie das Rindfleisch in 2 Portionen bei 60 Grad für 6-8 Minuten und schütteln Sie den Korb einmal während der Backzeit. Die Außenseiten sollten knackig und braun sein.

Geflügelgerichte

Gänsekeulen im Speckmantel mit Pastinaken

Arbeitszeit: 30 bis 60 Minuten Schwierigkeitsgrad: normal

Zutaten für 2 Portionen:

- 2 Gänsekeulen
- 500 g Pastinaken
- 300 g dünn geschnittener Bauchspeck
- Olivenöl
- 1 Prise ganzer Kümmel
- ½ TL Paprikapulver
- ½ TL getrockneter Thymian
- ½ TL Pfefferkörnern
- ½ Koriandersamen
- Pfeffer und Salz

Zubereitung:

1. Die Gänsekeulen links und rechts am Knochen auslösen und mit Olivenöl einpinseln. Es kann auch Butterschmalz verwendet werden. Sämtliche Gewürze im Mörser zerstoßen und die Gänsekeulen damit einreiben.
2. Bei den Pastinaken die Enden entfernen, schälen und in 3 cm dicke Spalten schneiden und mit Speck einwickeln. Dann auf der Grilltasse der Heißluftfritteuse verteilen.
3. Bei 160 Grad die Gänsekeulen 20 bis 25 Minuten braten einmal wenden und nochmals 20 Minuten garen. Dabei den Gar-Punkt prüfen.
4. Die Pastinaken im Speckmantel können nun mit den Gänsekeulen und mit einem Salat angerichtet werden.

Hühnerbrustfilet auf Grillgemüse

Arbeitszeit: 30 bis 60 Minuten Schwierigkeitsgrad: einfach

Zutaten für 2 Portionen:

- 2 Hühnerbrustfilets
- ½ Knoblauchzehe
- 1 kleine Zucchini
- 2 kleine Paprika gelb/rot
- 1 Zweig Rosmarin
- 2 Zweige Thymian
- 1 große Zwiebel
- 4 Kirschtomaten
- Pfeffer und Salz
- Pesto:
- 50 g Pinienkerne
- 30 g Parmesan
- 1 Handvoll Petersilie und Basilikum frisch
- 125 ml Olivenöl
- Pfeffer und Salz

Zubereitung

1. Das Hühnerfleisch waschen putzen sowie pfeffern und salzen. Im Nachgang in eine heiße Pfanne mit Pflanzenöl geben und kurz anbraten und den Rosmarin mit dazugeben.
2. Nun in die Heißluftfritteuse bei 120 Grad geben und 20 bis 25 Minuten lang garen.
3. Die Pinienkerne ebenfalls in einer Pfanne mit Pflanzenöl anrösten und mit Parmesan, Petersilie, Basilikum, Pfeffer, Salz sowie Olivenöl zu einem Pesto mixen. Je nach Konsistenz noch Öl einfließen lassen.
4. Die geschälten und in Spalten geschnittenen Zwiebeln, die gewaschenen und in Stifte geschnittenen Zucchini und die in Streifen geschnittenen Paprika gut miteinander vermengen. Dazu den geschälten und in hauchdünne Scheiben geschnittenen Knoblauch sowie den feingehackten Thymian und die halbierten Tomaten hinzufügen.
5. Alles in eine Pfanne geben und ca. 10 Minuten lang anbraten und von der Herdplatte nehmen.
6. Nun kann das Gericht angerichtet werden.

Curry-Hühnerspießchen

Arbeitszeit: 30 bis 60 Minuten Schwierigkeitsgrad: einfach

Zutaten für 4 Portionen:

- 4 Hähnchenbrüste
-
- Marinade:
- 3 EL Currypulver
- 1 Bund frischer Koriander
- 100 ml Kokosmilch
- 1 kleiner Becher Naturjoghurt
- Pfeffer und Salz

Zubereitung:

1. Das Hühnerfleisch waschen und in Streifen schneiden. Anschließend den Koriander waschen und fein hacken.
2. Nun alle Zutaten für die Marinade vermengen und das Hühnerfleisch für gute 2 Stunden darin marinieren.
3. Danach die Fleischstreifen auf Spieße geben und für 10 Minuten bei 180 Grad in der Heißluftfritteuse grillen.

Hähnchenunterschenkel pikant mit Grillmarinade

Arbeitszeit: 30 bis 60 Minuten Schwierigkeitsgrad: einfach

Zutaten für 4 Portionen:

- 5 Hähnchenunterschenkel
- ½ EL Senf
- 1 geschälte zerdrückte Knoblauchzehe
- 1 TL brauner Zucker
- 1 EL Olivenöl
- 1 TL Chilipulver
- Pfeffer und Salz

Zubereitung:

1. Die Grillmarinade aus Senf, Knoblauch, braunem Zucker, Chilipulver, Pfeffer und Salz mit dem Öl vermengen und die Hähnchenschenkel 30 Minuten darin marinieren.
2. In den Korb der Heißluftfritteuse die Schenkel geben und bei 200 Grad 10 bis 12 Minuten braten. Je nach Größe Temperatur zuschalten.
3. Die heißen Hähnchenschenkel mit einem Baguette und frischem Salat servieren.

Chicken Nuggets

Arbeitszeit: 30 bis 60 Minuten Schwierigkeitsgrad: einfach

Zutaten für 4 Portionen:

- 500 g Hähnchenfilet
- 3 Eier (S)
- 200 Semmelbrösel
- 50 ml Sahne
- 150 g Mehl
- 1 TL Sonnenblumenöl
- Pfeffer und Salz

Zubereitung:

1. Das Hähnchenfilet waschen, abtupfen und in mundgerechte Stücke schneiden.
2. Die Sahne mit den aufgeschlagenen Eiern sowie Pfeffer und Salz verquirlen.
3. Das Hähnchenfleisch erst in Mehl wenden, dann durch die Eiermasse ziehen und mit den Semmelbröseln panieren.
4. Mit etwas Öl in der Heißluftfritteuse bei 180 Grad gute 10 Minuten goldbraun und knusprig backen. Dazu passen Dips, Salate, Baguette und Pommes.

Brathendlstreifen gebacken

Arbeitszeit: 30 bis 60 Minuten Schwierigkeitsgrad: einfach

Zutaten für 4 Portionen:

- 2 Hähnchenbrustfilets
- 8 Kirschtomaten
- Petersilie frisch und gehackt
- Öl zum Ausbacken
- Frischer Zitronensaft
- Pfeffer und Salz
-
- Panade:
- Semmelbrösel
- 1 Ei
- Mehl

Zubereitung:

1. Das gewaschene und in Streifen geschnittene Hähnchenfleisch mit der fein gehackten Petersilie, Zitronensaft, sowie Pfeffer und Salz gut einreiben und im Nachgang mit Mehl dem verquirlten Ei und den Semmelbrösel panieren.
2. Ungefähr 8 Minuten mit wenig Öl bei 150 Grad in der Heißluftfritteuse ausbacken. Dazu passen Salate der Saison, Kartoffeln, Pommes oder ein Baguette und Dips der Wahl.

Backhähnchen

Arbeitszeit: 60 Minuten Schwierigkeitsgrad: einfach

Zutaten für 2 Portionen:

- 1 junges küchenfertiges Hendl
- Semmelbrösel
- 2 Eier (S)
- Mehl
- Öl
- Pfeffer und Salz

Zubereitung:

1. Das Hendl erstmal in 4 Teile zerlegen und im Anschluss das Rückgrat entfernen. Damit die Keulen schneller garen, diese an der Innenseite leicht einschneiden.
2. Das Fleisch nun salzen und nachfolgend die Eier verquirlen.
3. Nun die Hähnchenteile panieren. Mit Mehl, Eiern und Semmelbröseln und dies bei 200 Grad 20 Minuten lang mit Öl in der Heißluftfritteuse ausbacken.

Putengeschnetzeltes

Arbeitszeit: 15 bis 30 Minuten Schwierigkeitsgrad: einfach

Zutaten für 4 Portionen:

- 500 g Putenbrustfilet
- 2 Karotten
- 2 kleine Zucchini
- 1 Paprika rot
- 1 Zwiebel
- 2 Knoblauchzehen
- 1 Zwiebel
- 1 Bund frische Petersilie
- 4 EL trockenen Weißwein
- 2 EL Weinessig
- Etwas Paprikapulver
- 4 EL Creme fraîche
- 2 TL Maizena
- Pfeffer und Salz

Zubereitung:

1. Die gewaschenen Paprika würfeln, die Zucchini in dünne Scheiben schneiden und die geschälten Karotten ebenfalls.
2. In die Heißluftfritteuse etwas Öl geben und erst die Karotten 5 Minuten und das restliche Gemüse nochmals 5 Minuten mit garen.
3. Die geschälten Zwiebeln klein würfelig schneiden und den geschälten Knoblauch pressen oder fein hacken und in die Heißluftfritteuse hinzugeben.
4. Nun das Putenfilet in dünne Scheiben schneiden und mit in die Fritteuse geben.
5. Den Wein, Maizena und Essig verrühren und über das Putenfleisch geben und das Ganze wiederum 10 Minuten garen.
6. Paprika, Salz und Pfeffer mit dem Creme fraîche verrühren und anschießend die fein gehackte Petersilie darüber streuen und mit dem gegarten Putengeschnetzelten anrichten.
7. Das Gericht kann mit Reis oder Kartoffelpüree serviert werden. Dazu passt auch ein Salat der Saison.

Buffalo-Hähnchenflügel gegrillt

Arbeitszeit: 30 bis 60 Minuten Schwierigkeitsgrad: normal

Zutaten für 4 Portionen:

- 500g Hähnchenflügel
- 2 EL zerlassene Butter
- 2 EL scharfe Chilisauce
- 2 EL Paprikapulver
- 125 g Mehl
- 1 EL Canola-ÖL
- Salz und Pfeffer

Zubereitung

1. Salz, Pfeffer Paprika und Mehl gut miteinander vermengen. Die Hähnchenschenkel damit einreiben und mit den Zutaten bedecken.
2. Die Hähnchenschenkel bei 200 Grad braten, bis sie braun sind. Danach die Temperatur auf 150 Grad stellen und noch weitere 10 Minuten braten, bis die Hähnchenschenkel gar sind.
3. In der Zwischenzeit die scharfe Soße mit der Butter in einer Schüssel vermengen und mit den Hähnchensenkeln servieren.
4. Ein lecker leichtes Sommergericht das mit einem feinen Wein, einem Baguette und mit frischem Salat richtig gut zur Geltung kommt.

Kanarische Kartoffeln mit Hähnchen Nuggets

Arbeitszeit: 30 bis 40 Minuten Schwierigkeitsgrad: normal

Zutaten für 4 Portionen:

- 400 g Hähnchenbrust
- 1 EL Honig
- ½ Knoblauchzehe
- 200 g Naturjoghurt
- Frischer Zitronensaft
- Chiligewürz
- 150 g Meersalz
- 1 kg kanarische Kartoffeln (festkochend)
- 80 g Cornflakes
- 1 l Wasser

Zubereitung

1. Hähnchenbrust waschen und in längliche Streifen schneiden.
2. Nun den Honig, Salz, Pfeffer, Chili, die halb gepresste Knoblauchzehe mit dem Naturjoghurt und dem Zitronensaft mischen und abschmecken.
3. Die zerkleinerten Cornflakes in eine Schüssel geben. Die Hähnchenstreifen in die Marinade legen und von allen Seiten gut bedecken. Danach die Hähnchenstreifen mit den zerkleinerten Cornflakes bestreuen und darin wenden.
4. Im Nachgang auf eine Grillplatte der Heißluftfritteuse geben und 15 Minuten bei 150 Grad ausbacken.
5. Die Kartoffeln seit Beginn der Zubereitung in Salzwasser kochen und dafür 150 g Meersalz verwenden. Das gibt eine salzige Kruste. Verwenden Sie dafür kleine Kartoffeln, diese sind in 20 Minuten fertig.

Hähnchenschenkel – Wenn's mal schnell gehen soll

Arbeitszeit: 40 bis 60 Minuten Schwierigkeitsgrad: normal

Zutaten für 2 Portionen:

- 2 Hähnchenschenkel
- 1 EL Olivenöl
- Paprika
- Salz und Pfeffer

Zubereitung

1. Die Hähnchenschenkel leicht einschneiden.
2. Mit Olivenöl einreiben und mit Salz, Pfeffer und Paprika würzen.
3. Die gewürzten Hähnchenschenkel in den Korbeinsatz legen und ca. 30 bis 40 Minuten je nach Größe der Hähnchenschenkel garen.
4. Knusprig und zart werden diese mit einem Baguette, Kartoffelsalat oder ohne Beilagen genossen.

Hähnchenburst mit Paprika

Arbeitszeit: 30 Minuten Schwierigkeitsgrad: normal

Zutaten für 4 Portionen:

- 600 g Hähnchen in Streifen
- 1 rote, gelbe und grüne entkernte und in Streifen geschnittene Paprika
- 1 kleine Zwiebel
- 2 EL Olivenöl
- 2 gepresste Knoblauchzehen
- 4 EL Weißwein
- ½ Löffel Apfelessig
- Salz und Pfeffer

Zubereitung

1. Die Paprikaschoten und das Olivenöl in die Heißluftfritteuse geben und ca. 5 Minuten bei 180 Grad garen.
2. Dann die kleingeschnittene Zwiebel mit den Schoten weitere 5 Minuten auf der Temperatur garen.
3. Anschließend zu Hähnchenstreifen Wein und Apfelessig mit beimengen.
4. Alles zusammen ca. 15 Minuten bei 180 Grad garen lassen.
5. Dazu passen Kartoffeln oder auch Reis. Wer möchte, kann dies im Sommer mit einem Vollkornbaguette und einem leichten Weißwein genießen.

Würzige Poulet-Pfanne

Arbeitszeit: 30 Minuten Schwierigkeitsgrad: normal

Zutaten für 2 Portionen:

- 200 g Hähnchenbrustfilets
- 1 Zwiebel
- 1 gelbe Paprika
- Etwas Rotwein
- 1 TL Rotweinessig
- 1 TL Paprikapulver
- Speisestärke
- Chilipulver nach Geschmack
- Kardamom
- Olivenöl
- Salz und Pfeffer

Zubereitung

1. Die Paprikawürfel in der Heißluftfritteuse mit einem Esslöffel Olivenöl ca. 5 Minuten dünsten.
2. Die geschälte Zwiebel in kleine Ringe schneiden und ebenfalls gute 5 Minuten in der Heißluftfritteuse dünsten.
3. Zwischenzeitlich die Hähnchenbrustfilets in dünne Streifen schneiden. Diese mit den Gewürzen sowie Salz und Pfeffer würzen.
4. Nun den Bratmodus aktivieren und das gewürzte Fleisch in der Heißluftfritteuse etwa 20 Minuten bei 180 Grad braten.
5. Zum Ende der Garzeit den Rotwein, Rotweinessig sowie die Speisestärke hinzugeben.
6. Dazu passen perfekt Naturreis oder Nudeln.

Fischgerichte

Fisch und Chips

Arbeitszeit: 30 bis 60 Minuten Schwierigkeitsgrad: einfach

Zutaten für 4 Portionen:

- 200 g Fischfilet wie Seelachs, Schellfisch oder Kabeljau
- 1 Ei (M)
- 30 g Tortilla-Chips
- 300 g rote Kartoffeln
- ½ EL Pflanzenöl
- 30 g Tortilla-Chips
- 1 EL frischen Zitronensaft
- Pfeffer und Salz

Zubereitung:

1. Die Fischfilets in 4 gleiche Stücke schneiden mit Zitronensaft beträufeln sowie salzen und pfeffern.
2. Mit einer Küchenmaschine oder Stabmixer die Tortilla-Chips zermahlen und auf den Teller geben und im Nachgang ein Ei aufschlagen und verquirlen.
3. Nun die Fischstücke nach und nach in das Ei tauchen und dann in die gemahlenen Tortilla-Chips. Es muss eine schöne Panade an den Fischstücken entstehen.
4. Die gewaschenen Kartoffeln der Länge nach in schmale Streifen schneiden und diese mit einem Küchenkrepp trockentupfen. Anschließend in einer Schüssel mit Öl wenden und in den Korb der Heißluftfritteuse geben. Bitte hier die Trennvorrichtung einsetzen, um auf der anderen Seite des Korbs die Fischstücke garen zu können.
5. Bei 200 Grad alles knusprig backen, dies kann 12 bis 15 Minuten lang andauern.

Frittierte Frühlingsrollen mit Dip

Arbeitszeit: 40 Minuten Schwierigkeitsgrad: normal

Zutaten Dip:

- 3 EL Sojasoße
- 2 EL Sauerrahm
- 2 EL Kejab Manis
- 2 EL Sesamöl
- 1 TL Chilisoße
- 1 TL geriebenen Ingwer
- 1 EL gehackten Koriander
- 3 Zitronen
- Salz und Pfeffer

Zutaten Frühlingsrollen mit Garnelen

- 200 g geschälte und entdarmte Garnelenschwänze
- 1 Stangensellerie
- 1 Zwiebel
- 1 Karotte
- 1 Msp. geriebenen Meerrettich
- 1 Schuss Sojasoße
- 1 Spritzer weißer Balsamico Essig
- 1 EL Pankomehl
- 1 EL Sojasoße
- 1TL Speisestärke
- 150 ml ÖL
- 6 Stk. Frühlingsrollenteig

Dip Zubereitung

1. Die Sojasoße, den Schmand, Ketjap Manis, fein geriebener Ingwer, Saft von 3 Zitronen, Sesamöl, den gehackten Koriander gut vermischen und mit Salz und Pfeffer abschmecken.

Zubereitung Frühlingsrollen

2. Die Garnelen waschen, fein schneiden und salzen.
3. Den Sellerie die Karotte und die Zwiebel schälen und in feine Streifen schneiden.
4. Das Gemüse und die Garnelen vermengen und den gehackten Koriander untermischen. Mit Balsamico und Sojasoße abschmecken und mit Pankomehl binden.
5. Nun die Frühlingsrollenblätter auslegen und mit einer Wasser-Stärke-Lösung den Rand gut einpinseln. Die Garnelen-Gemüse-Mischung darauf verteilen und gut einwickeln.
6. Alle Seiten einklappen und wiederum gut andrücken. Die Heißluftfritteuse auf 160 Grad stellen und die Frühlingsrollen mit etwas heißem Öl frittieren.
7. Heiß verzehren und mit dem leckeren Dip servieren und ein frisches Baguette dazu reichen.

Fischfilet mit frischen Kräutern in der Singlevariante

Arbeitszeit: 15 bis 30 Minuten Schwierigkeitsgrad: einfach

Zutaten für 1 Portion:

- 150 g Fischfilet der Wahl ohne Haut
- 50 g Kirschtomaten
- ¼ Zitrone in dünne Scheiben schneiden
- ½ Knoblauchzehe
- 50 g Erbsen
- 20 ml Weißwein
- 1 Prise Safranfäden
- Gehackter Kerbel
- 1 Zweig gezupfter Thymian
- 1 Bogen Backpapier
- Pfeffer und Salz

Zubereitung:

1. Den Knoblauch schälen und pressen, sowie die gewaschenen Kirschtomaten halbieren und die heiß gewaschene Zitrone in dünne Scheiben schneiden.
2. Die gewaschenen Fischfilets trocken tupfen, danach pfeffern und salzen.
3. Den Fisch auf einen Boden mit Backpapier legen und alle Zutaten darauf verteilen und mit Kräutern verfeinern.
4. Das Backpapier zusammenschlagen und an den beiden Enden mit einem Küchengarn gut festbinden. Somit bleiben alle Aromen im Garprozess gut verschlossen. Für 12 bis 15 Minuten in der Heißluftfritteuse bei 200 Grad garen.
5. Dazu passen Salat, Weißbrot oder auch Bratkartoffeln.

Rote Rüben mit Fischlasagne

Arbeitszeit: 30 bis 60 Minuten Schwierigkeitsgrad: normal

Zutaten für 2 Portionen:

- 300 g Lasagne-Blätter
- 300 g Fischfilet
- 150 g geschälte Rote Rüben
- 250 ml Milch
- 50 g frischer geriebener Parmesan
- 30 g Mehl
- 25 g Butter
- Frischer Dill
- ½ Zitrone
- Geriebene Muskatnuss
- Sauce Béchamel (Fertigprodukt)
- Olivenöl
- Pfeffer und Salz

Zubereitung

1. Die roten Rüben im Salzwasser zum Kochen bringen. Die Lasagne-Blätter ebenfalls im Salzwasser zum Kochen bringen und das gut 5 Minuten lang. Öfters umrühren, um ein aneinanderkleben zu vermeiden.
2. Diese aus dem Wasser nehmen und auf ein Backpapier legen und mit etwas Olivenöl bestreichen.
3. Salz, Pfeffer und Milch erhitzen und die Butter in einem kleinen Topf erhitzen und aufschäumen lassen, danach das Mehl zügig darin einrühren, bis eine glatte Konsistenz entsteht. Die heiße Milch wiederum ständig rühren, 2 Minuten köcheln lassen und mit der geriebenen Muskatnuss und dem Abrieb einer Zitronenschale verfeinern.
4. Die gekochten roten Rüben schälen, in feine Scheiben schneiden und diese salzen und einziehen lassen.
5. Fisch von Haut und Gräten befreiten und die Fischfilets flach halbieren und mit Pfeffer und Salz würzen.
6. Die Backform mit Sauce Béchamel einstreichen und abwechselnd die Lasagne, Sauce, rote Rüben und Fischfilets schichten. Den Fisch dabei mit etwas Dill bestreuen. Das Ganze zwei bis dreimal wiederholen und als letztes den Parmesan obendrauf verteilen.
7. Bei 160 Grad gute 20 bis 25 Minuten in der Heißluftfritteuse backen und fertig ist ein leckeres Gericht.

Knusprig zarte Lachswürfel

Arbeitszeit: 15 bis 30 Minuten Schwierigkeitsgrad: normal

Zutaten für 4 Portionen:

- 200 g Lachsfilet ohne Gräten und Haut
- 100 g zerriebene Cornflakes
- 1 Ei
- Etwas Mehl
- 1 unbehandelte Zitrone
- Pfeffer und Salz

Zubereitung:

1. Den Lachs in 3 x 3 cm große Würfel schneiden und mit Zitronensaft, sowie Pfeffer und Salz würzen.
2. Nun mit Mehl, dem verquirlten Ei sowie den fein geriebenen Cornflakes panieren.
3. Bei 190 Grad 8 Minuten lang in der Heißluftfritteuse frittieren.
4. Die knusprigen Lachswürfel heiß und lecker genießen. Dazu passen Salate der Saison, sowie ein frisches Baguette.

Riesengarnelen mit roten Paprika in Schinken

Arbeitszeit: 15 bis 30 Minuten Schwierigkeitsgrad: einfach

Zutaten für 10 Portionen:

- 10 aufgetaute Riesengarnelen (TK-Ware)
- 1 große rote halbierte Paprika
- 1 Knoblauchzehe geschält und zerdrück
- ½ EL Paprikapulver
- 5 Scheiben rohen Schinken
- 1 EL Olivenöl
- Tapas Gabeln
- Pfeffer und Salz

Zubereitung:

1. Die Paprika 10 Minuten in den Frittier-Korb der Heißluftfritteuse geben und das bei 200 Grad rösten. Im Nachgang die Paprika in eine Schüssel geben und mit einer Frischhaltefolie oder einem Deckel abdecken.
2. Nun die Garnelen schälen und auf der Rückseite den Darmfaden jeweils entfernen. Die Schinkenscheiben halbieren und jeweils eine Garnele darin einwickeln.
3. Das Ganze mit Olivenöl bestreichen und in den Korb geben, 4 Minuten bei 200 backen bis diese knusprig sind.
4. Zwischenzeitlich von den Paprikahälften die Haut abziehen und dabei das Kerngehäuse mit entfernen. Die Paprika mit dem Olivenöl, Paprikapulver und geschälten und zerdrücktem Knoblauch gut pürieren. Nun in eine Schüssel geben und mit Pfeffer und Salz würzen.
5. Anschließend mit Tapas-Gabeln anrichten und den Paprikadip dazu servieren.

Knusprige Fischrolle

Arbeitszeit: 15 bis 30 Minuten Schwierigkeitsgrad: einfach

Zutaten für 2 Portionen:

- 150 g Fischfilet ohne Haut, Gräten und gehackt
- 1 EL Zitronensaft
- 4 Frühlingsrollenblätter aus dem Asialaden
- 1 EL flüssige Butter
- 1 Eiweiß zum Verkleben der Rollen
- 1 Eigelb zum Bestreichen der Rollen
- Pfeffer und Salz

Zubereitung:

1. Die feingehackten Fischfilets salzen und pfeffern sowie mit Zitronensaft beträufeln und alles gut miteinander vermischen.
2. Nun den Teig ausrollen und den marinierten Fisch auf die Mitte der Frühlingsrollenblätter legen.
3. Mit dem Eiweiß die Teigränder bestreichen, danach links und rechts die Blätter dabei einschlagen, stramm aufrollen und anschließend mit der Butter-Eigelb-Mischung von beiden Seiten bestreichen.
4. Bei 180 Grad 15 Minuten lang ausbacken und mit frischen Salaten servieren.

Räucherforellenfielt mit Süßkartoffelgratin und Cottage Cheese

Arbeitszeit: 30 bis 60 Minuten Schwierigkeitsgrad: normal

Zutaten für 2 Portionen:

- 250 g festkochende Kartoffeln
- 3 Eier (S)
- 500 Süßkartoffeln
- 100 ml Sahne
- 50 g Parmesan
- 75 ml Milch
- 50 g Parmesan
- Geriebene Muskatnuss
- 75 g Cottage Cheese
- 100 g Räucherforellenfilet
- Olivenöl
- Pfeffer und Salz

Zubereitung:

1. Die gewaschenen Kartoffeln und Süßkartoffeln schälen hobeln und salzen. Alles gut vermischen und 10 Minuten ziehen lassen.
2. Das Gemisch ausdrücken und in eine Backform geben und dabei gut andrücken.
3. Milch, Sahne, Parmesan, Gewürze und die aufgeschlagenen Eier gut verrühren und über das Kartoffelgemisch verteilen. Bei 165 Grad ca. 40 Minuten in der Heißluftfritteuse ausbacken.
4. Nun den Cottage Cheese mit Salz und Olivenöl verfeinern und über das portionierte Gratin geben und die Räucherforelle in Stücke zupfen und darüber verteilen.

Fischstäbchen selbstgemacht

Arbeitszeit: 15 bis 30 Minuten Schwierigkeitsgrad: einfach

Zutaten für 4 Portionen:

- 500 g Fisch mit festem Fleisch wie z.B. Heilbutt
- Mehl
- 2 Eier (S)
- Semmelbrösel
- Öl
- Pfeffer und Salz

Zubereitung

1. Den abgewaschenen Fisch trocken tupfen, pfeffern, salzen und in Stäbchen schneiden.
2. Dann mit Mehl, dem verquirlen Ei und den Semmelbrösel panieren.
3. Etwas Öl in die Heißluftfritteuse geben und bei 180 Grad ca. 7 bis 10 Minuten lang ausbacken und sofort heiß servieren.

Lachs in Blätterteigkipferl

Arbeitszeit: 30 bis 60 Minuten Schwierigkeitsgrad: einfach

Zutaten für 6 Portionen:

- 200 g Räucherlachs
- 1 Packung Blätterteig
- 100 g Creme fraîche
- 1 Bund frischer Dill
- Zitronensaft
- 4 Eidotter
- 2 Eier zum Bestreichen
- Pfeffer und Salz

Zubereitung:

1. Den kleingeschnittenen Lachs mit dem gehackten Dill sowie Zitronensaft, Pfeffer und Salz vermengen.
2. Nun die Eier verquirlen, diese werden im Nachgang zum Bestreichen verwendet.
3. Den Blätterteig ausbreiten und der Länge nach in 3 gleiche Streifen schneiden und daraus Dreiecke ausschneiden.
4. Mit den verquirlten Eiern bestreichen und die Lachsmasse jeweils auf das breite Ende geben. Anschließend die Dreiecke zu Kipferl formen und zusammenrollen und wiederum von außen mit den verquirlten Eiern bestreichen.
5. Im Nachgang auf die gefettete Grillplatte legen und bei 160 Grad ca. 20 Minuten backen.

Fisch nach Florentiner Art - Singlevariante

Arbeitszeit: 15 bis 30 Minuten Schwierigkeitsgrad: einfach

Zutaten für 1 Portion:

- 130 g TK Blattspinat
- 130 g Fischfilet (Lachs, Saibling oder Polardorsch)
- 130 g Röstkartoffeln
- Abrieb einer Muskatnuss
- 1 Knoblauchzehe
- 50 g geriebener Emmentaler
- Zitronensaft
- Pfeffer und Salz

Zubereitung

1. Den angetauten Blattspinat noch etwas kleiner schneiden und auftauen lassen. Dazu eine geschälte gepresste Knoblauchzehe geben und mit geriebener Muskatnuss, Pfeffer und Salz würzen. Das Ganze in einer Auflaufform der Heißluftfritteuse drapieren.
2. Nun die Fischfilets auf beiden Seiten salzen, mit Zitronensaft beträufeln und auf das Blattspinatbett legen und zwar nebeneinander.
3. Darüber die Röstkartoffeln verteilen und mit geriebenem Käse gut bestreuen.
4. Bei 180 Grad backen bis die Oberfläche schön braun ist und das wiederum als Anhaltspunkt 15 Minuten lang.

Frittierte Fischbällchen

Arbeitszeit: 15 bis 30 Minuten Schwierigkeitsgrad: einfach

Zutaten für 4 Portionen:

- 750 g feingehackten Fisch (Seelachs, Lachs)
- 2 kleine feingehackte Zwiebeln
- 1 alte Semmel vom Vortag
- 3 EL Semmelbrösel
- 1 EL frische feingehackte Petersilie
- 1 EL Olivenöl
- Pfeffer und Salz

Zubereitung

1. Die Semmel in Wasser einweichen und danach ausdrücken und mit den klein gehackten Zwiebeln, Olivenöl, Pfeffer und Salz sowie der gehackten Petersilie in das Fischhack geben und alles gut miteinander vermischen.
2. Daraus kleine gleichgroße Bällchen formen, in Semmelbrösel wälzen und in den Korb der Heißluftfritteuse geben. Bei 200 Grad ca. 20 Minuten frittieren und das ohne Fett.
3. Heiß servieren und mit frischem Salat und einem Baguette anrichten.

Lachs auf Blattspinat

Arbeitszeit: 15 bis 30 Minuten Schwierigkeitsgrad: einfach

Zutaten für 1 Portion: Singlevariante

- 50 g Frischkäse
- 150 g Blattspinat
- 125 g Lachsfilet
- Geriebene Muskatnuss
- 1/2 ausgepresste Zitrone
- TL frischen Ingwer
- 1 Knoblauchzehe
- 1 Bogen Backpapier
- Pfeffer und Salz

Zubereitung

1. Den aufgetauten Blattspinat in kleine Stücke schneiden und anschießend den geschälten Knoblauch fein hacken. Das gewaschene Lachsfilet abtrocknen und beiseitestellen.
2. Nun den Knoblauch, Frischkäse, Ingwer, Pfeffer, Salz sowie den Zitronensaft und den Abrieb der Muskatnuss mit dem aufgetauten Spinat vermengen.
3. Anschließend die Hälfte der Mischung in die Mitte des Backpapiers geben, verteilen und den Fisch darauf platzieren.
4. Die restliche Mischung obendrauf geben und das Backpapier zu einem Päckchen falten. Mit Küchengarn verschließen und in den Korb der Heißluftfritteuse legen.
5. Gute 15 Minuten bei 200 Grad backen und fertig ist ein leckes gesundes Hauptgericht.

Kokos-Fisch mit feiner Note

Arbeitszeit: 30 bis 60 Minuten Schwierigkeitsgrad: normal

Zutaten für 4 Portionen:

- 1,25 kg Amur Karpfen
- 2 kleine Zwiebeln
- 150 Kokosflocken
- 1 kleines Stück frischen Ingwer
- 1 Stange Zitronengras
- 2 Chilischoten
- 1 Knoblauchzehe
- Tamarindenpaste
- 0,5 TL Korianderpulver
- 0,5 TL Kurkumapulver
- Öl
- Pfeffer und Salz

Zubereitung

1. Zwiebeln und Knoblauch schälen und klein hacken. Ebenso das Zitronengras und die Chilischoten halbieren und ebenso fein hacken. Den geschälten Ingwer in feine Streifen schneiden und mit Koriander und Kurkuma im Mixer pürieren. Im Nachgang mit Tamarindenpaste und Salz würzen und die Kokosflocken untermischen.
2. Nun ein Backpapier verwenden und dieses mit Öl bestreichen. Den Fisch darauf platzieren und die Kokosmasse auf diesem verteilen. Das Backpapier gut verschießen und in der Heißlustfritteuse bei 180 Grad gute 15 Minuten lang grillen.

Fisch mit Kräutern der Saison im Päckchen

Arbeitszeit: 15 bis 30 Minuten Schwierigkeitsgrad: einfach

Zutaten für 1 Portion – Singlevariante

- 150 g Fischfilet der Wahl
- 50 g Erbsen
- 50 g Kirschtomaten
- 2 EL Olivenöl
- 20 ml Weißwein trocken
- Kerbel
- 1 Knoblauchzehe geschält und gepresst
- 1 Zweig Thymian
- Einige Scheiben Zitronen
- 1 Prise Safranfäden
- Pfeffer und Salz

Zubereitung

1. In einem Bogen Backpapier das gesäuberte Fischfilet mit den gewaschenen Tomaten und Erbsen sowie der Zitrone darauf platzieren.
2. Nun mit Olivenöl beträufeln und den Gewürzen verfeinern. Einen Schuss Weißwein hinzufügen. Das Papier zusammenfalten und zu einem Päckchen mit einem Küchengarn binden.
3. Den Fisch bei 120 Grad 15 Minuten lang grillen. Dazu passen ein Baguette oder Salzkartoffeln.

Lachs mit Kartofflwedges

Arbeitszeit: 15 bis 30 Minuten Schwierigkeitsgrad: einfach

Zutaten für 2 Portionen:

- 500 g Lachfilet
- 1 kg festkochende Kartoffeln
- Etwas Olivenöl
- Pfeffer und Salz

Zubereitung

1. Die gewaschenen Kartoffeln vierteln und sehr gut im Nachgang abtrocknen. Diese in die in die Heißluftfritteuse geben (Rührelement einsetzen). Salzen und 1 Esslöffel Olivenöl dazugeben.
2. Gute 40 Minuten bei 120 Grad garen lassen und in der Zwischenzeit den Fisch zubereiten und ihn gut würzen.
3. Sind die Kartoffeln im letzten Drittel des Kochvorgangs, dann den Fisch auf die Grillplatte legen und diesen bei der gleichen Temperatur garen. Dazu passt ein frischer knackiger Salat.

Lachs-Kartoffel Gratin

Arbeitszeit: 15 bis 30 Minuten Schwierigkeitsgrad: normal

Zutaten für 4 Portionen:

- 200 g festkochende Kartoffeln
- 1 EL Butter
- 50 g Räucherlachs
- 70 g Speck
- 40 g Mehl
- 2 Schalotten
- 1 TL Muskat gemahlen
- 3 Eier (S)
- Etwas frischen Dill
- Pfeffer und Salz

Zubereitung

1. In einer Pfanne den gewürfelten Speck und die Zwiebeln mit Butter auslassen.
2. Zwischenzeitlich die gewaschenen Kartoffeln schälen und in feine Streifen schneiden. Nun die rohen Kartoffelscheiben hinzugeben und bei hoher Stufe 5 Minuten lang anbraten.
3. Zwischenzeitlich den gesäuberten Lachs bis auf eine Scheibe in Streifen schneiden und zur Kartoffelmasse geben und nochmals 1 bis 2 Minuten garen lassen.
4. Im Anschluss in eine Schüssel Eier, Mehl, Milch, Pfeffer und Salz sowie den Abrieb der Muskatnuss geben und alles mit einem Schneebesen glattrühren. Als letztes den gehackten Dill mit beimengen.
5. Nun die Masse in 4 feuerfeste Formen geben und bei 160 Grad 10 Minuten lang backen.
6. Mit der geviertelten Scheibe Lachs und Dill dekorieren und wer möchte kann mit Meerrettich das Gericht zum guten Schluss verfeinern.

Gefüllte kleine Tintenfische

Arbeitszeit: 15 bis 30 Minuten Schwierigkeitsgrad: einfach

Zutaten für 4 Portionen

- 8 kleine Tintenfische
- 1 kleine Knoblauchzehe
- Frische Petersilie
- 50 g Semmelbrösel
- 1 Ei
- Pfeffer und Salz

Zubereitung

1. Die gewaschenen Tintenfische putzen und von den Tentakeln befreien.
2. Nun das Ei, Semmelbrösel, gehackte Petersilie, einen Schuss Öl, Pfeffer und Salz sowie die Tentakel in ein Mixgerät geben und alles zu einem dicken Gemisch verrühren.
3. Die kleinen Tintenfische damit befüllen und im Inneren des Frittier-Behälters der Heißluftfritteuse positionieren.
4. Gute 20 Minuten lang bei 160 Grad backen und fertig ist ein leckeres Gericht aus dem Meer. Dazu passen frische Salate und ein Baguette.

Calamari

Arbeitszeit: 15 bis 30 Minuten Schwierigkeitsgrad: einfach

Zutaten für 4 Portionen:

- 800 g Tintenfischringe frisch oder TK-Ware
- Mehl
- Frisch gepresster Zitronensaft
- 0,5 Öl
- Pfeffer und Salz

Zubereitung

1. Die Tintenfischringe salzen, mit Zitronensaft beträufeln und einziehen lassen.
2. Im Mehl wenden und das überschüssige Mehl dabei abklopfen.
3. Die Heißluftfritteuse mit Öl befüllen und im Frittier-Korb die Calamari nach und nach ausbacken. Dazu eine Temperatur von 160 Grad wählen.

Doraden für zwei

Arbeitszeit: 15 bis 30 Minuten Schwierigkeitsgrad: einfach

Zutaten für 2 Portionen:

- 2 Doraden vom Fischhändler des Vertrauens
- 1 Knoblauchzehe
- 100 g schwarze entsteinte Oliven
- 200 g Kirschtomaten
- Frische Thymianzweige
- Olivenöl
- Frischer Zitronensaft
- Pfeffer und Salz

Zubereitung

1. Die Doraden abschuppen, säubern und ausnehmen. Dann gut waschen und trocken tupfen. Den Bauch jeweils mit einem Zweig Thymian sowie Pfeffer, Salz und einer halben Knoblauchzehe befüllen.
2. Im Nachgang das Rührelement aus dem Frittier-Behälter der Heißluftfritteuse nehmen und das Öl in den Frittier-Behälter geben und die beiden Doraden darin positionieren.
3. Anschließend die schwarzen Oliven und die halbierten Tomaten mit hinzufügen und alles salzen.
4. Gute 25 Minuten bei 160 Grad backen und anschließend mit Zitronensaft beträufeln. Dazu passen Salate, Kartoffeln oder ein Baguette.

Panierter Schwertfisch

Arbeitszeit: 15 bis 30 Minuten Schwierigkeitsgrad: einfach

Zutaten für 4 Portionen:

- 500 g Schwertfisch in Scheiben
- Semmelbrösel
- Sonnenblumenöl
- Pfeffer und Salz

- Marinade:
- Frisch gepresster Zitronensaft
- Frisch gehackte Petersilie
- Etwas Olivenöl
- Pfeffer und Salz

Zubereitung

1. Die Fischscheiben waschen, gut abtrocknen, leicht ölen und in den gesalzenen Semmelbrösel wenden. Der Fisch muss dabei vollkommen bedeckt sein.
2. Die Heißluftfritteuse ohne das Rührelement benutzen.
3. Etwas Öl in die Fritteuse geben und die Schwertfischscheiben im Frittier-Behälter positionieren.
4. Den Fisch gute 20 Minuten bei 160 Grad backen und mehrmals wenden damit eine gleichmäßige Bräunung entsteht.
5. Zwischenzeitlich die Marinade anrichten und dazu alle Zutaten vermengen.
6. Nach der Garzeit den Fisch mit der Marinade beträufeln und mit einem Baguette und einem frischen Salat anrichten.

Gedünsteter Fisch

Arbeitszeit: 30 Minuten Schwierigkeitsgrad: einfach

Zutaten für 6 Portionen:

- 750 g Fisch nach Wahl
- 1 Fenchelknolle
- ½ Gurke
- 3 Tomaten
- 1 gehackte Lauchzwiebel
- Frisch gehackte Petersilie
- 3 Zitronen und gut entsaften
- 75 ml fettarme Sahne
- 75 ml Fischfond
- Olivenöl
- Salz und Pfeffer

Zubereitung

1. Den gesäuberten und gewaschenen Fisch mit der Hälfte des Zitronensaftes beträufeln.
2. Die Tomaten und den Fenchel in Stücke schneiden und die Gurke wiederum in Scheiben.
3. Den Fisch nun salzen, pfeffern und in die Heißluftfritteuse geben.
4. Im Nachgang den Rest des Zitronensaftes, das Olivenöl und das Gemüse mit beifügen.
5. Etwa 10 Minuten garen und mit Fischfond und Sahne ablöschen. Im Anschluss nochmals 5 Minuten garen lassen.
6. Das leckere Gericht mit Petersilie bestreuen.

Lachs mit Sahnesoße

Arbeitszeit: 30 Minuten Schwierigkeitsgrad: normal

Zutaten:

- 2 Stangen Zwiebellauch gehackt
- Frischer Dill gehackt
- 2 EL frischer Zitronensaft
- 1 Knoblauchzehe gehackt
- 50 ml Olivenöl
- 125 g fettarmer Sauerrahm
- Schale einer Zitrone fein gerieben
- 4 Lachfilets à 125 g
- Salz und Pfeffer

Zubereitung für 4 Portionen

1. Zwiebel, Dill, Zitronensaft und fein geriebene Zitronenschale sowie Salz und Pfeffer mit einem Mixstab pürieren und langsam Öl dazu gießen.
2. Die Mischung teilen und eine Portion mit Sauerrahm verrühren.
3. 4 Lachsscheiben mit Salz und Pfeffer würzen und der Dillmischung gut bestreichen.
4. Bei 190 Grad ca. 6-8 Minuten backen.
5. Nach der vollendeten Garzeit mit dem Sauerrahm-Dressing servieren.
6. Als Beilage bieten sich Salate und ein Baguette an.

Frittierte Seeteufel-Bäckchen mit Vanille

Arbeitszeit: 30 Minuten Schwierigkeitsgrad: normal

Zutaten für 4 Portionen:

- 12 Seeteufel-Bäckchen vom Fischhändler des Vertrauens
- 1 Vanilleschote
- 400 g weiße Champignon
- 200 ml Fischfond
- 2 Stangensellerie
- 1 große Karotte
- 1 Bio Zitrone
- 300 g eingelegte Zwiebeln plus 1 Zwiebel
- 3 Knoblauchzehen

Zubereitung

1. Die ungeschälte Zwiebel ca. 1 Minute in der Heißluftfritteuse erwärmen und anschließend in eine Schüssel mit kaltem Wasser geben. Nach dem Abkühlen schälen.
2. Karotten, Selleriestange und Champignons schälen und die Knoblauchzehe fein hacken.
3. Aus der Zitrone sogenannte Zitronenschnitze schälen. Die Zwiebeln in der Heißluftfritteuse 15 Minuten lang garen.
4. Im Anschluss die Karotten und Sellerie mit dem Fischfond in der Heißluftfritteuse garen und vorher gut würzen. Der Garprozess sollte bei ca. 15 Minuten liegen.
5. Nun die eingelegten Zwiebeln, den Knoblauch und die Champignons hinzufügen und die aromatische Vanilleschote der Länge nach aufschneiden.
6. Falls sich keine Soße mehr in der Heißluftfritteuse befindet nachgießen und das innere der Vanilleschote dazugeben. Würzen, abschmecken und die Seeteufel-Bäckchen darauflegen. Nochmals 5 Minuten lang garen und fertig ist ein leckeres Hauptgericht.

Calamari Salat gegrillt mit Zitronen Kapern-Dressing

Arbeitszeit: 30 Minuten Schwierigkeitsgrad: normal

Zutaten für 4 Portionen:

- 150 ml Olivenöl
- 8 Tintenfische mit Tentakeln ca. 500 g
- 50 ml fein gehackte Kapern
- 75 ml Olivenöl
- 1 kleine feingehackte Schalotte
- 1,5 kg frischer Babyspinat
- 250 g rote Paprika gegrillt und in feine Streifen geschnitten
- 125 g junge aufgetaute TK Erbsen
- 125 g rote Zwiebel ebenfalls in feine Streifen schneiden
- ¾ TL Pfeffer
- ¼ TL Salz

Zubereitung

1. Dreiviertel des gesäuberten Tintenfisches einritzen und die Tentakeln auf die gleiche Länge hin schneiden.
2. Die Kapern, den Zitronensaft, das Olivenöl, die Schalotten mit Salz und Pfeffer verquirlen. So entsteht eine gleichmäßige Soße und den Tintenfisch mehrmals in dem 50 ml Dressing schwenken.
3. Bei Ihrer Heißluftfritteuse die Kochplatten leicht mit Öl besprühen. Nun nach Anweisung des Herstellers vorgehen und den Tintenfisch auf den vorgesehenen Grill in die Heißluftfritteuse legen und den Deckel verschließen.
4. Bei 200 Grad ca. 6 Minuten grillen danach wenden und nochmal ca. 6 Minuten grillen.
5. Demnach in kleinen Portionen garen. Den Tintenfisch im restlichen Dressing schwenken und die gegrillte Paprika, die rote Zwiebel, Erbsen, den Rucola mit dem restlichen Dressing mischen.
6. Zum Anrichten den Salat mit den gegrillten Calamari garnieren.

Gambas – Ein Gruß aus dem Meer

Arbeitszeit: 15 Minuten Schwierigkeitsgrad: leicht

Zutaten für 2 Portionen:

- 12 Gambas geschält
- 1 Knoblauchzehe
- 1 EL Olivenöl
- Salz und Pfeffer
- 1 TL Paprikapulver

Zubereitung

1. Die Gambas unter fließendem kaltem Wasser waschen und mit einem Küchentuch trocken tupfen.
2. Die Gewürze das ÖL und die fein gehackte Knoblauchzehe mit den Gambas in eine Schüssel geben, gut vermischen und etwa 15 Minuten einziehen lassen. Das spiegelt den besonders guten Geschmack wider.
3. Bei 5 Minuten und 170 Grad im Korbeinsatz garen und fertig ist der leckere Genuss.
4. Zu diesem leichten Essen passen ein frischer Salat und ein leckeres Vollkornbaguette.

Teigtaschen knusprig mit Pistazien, Parmesan und Jakobsmuscheln

Arbeitszeit: 30 Minuten Schwierigkeitsgrad: normal

Zutaten für 4 Portionen:

- 80 g Parmesan am Stück
- 8 Jakobsmuscheln
- 40 g ungesalzene Pistazien
- 20 g Butter
- 3 Blätter Brick Teig (1 Blatt ist für 2 Teigtaschen gedacht)
- 20 ml Pistazienöl
- 20 ml Pflanzenöl
- Salz und Pfeffer

Zubereitung

1. Den Parmesan in dünne Streifen schneiden und die Pistazien grob hacken. In Pistazien Öl die Jakobsmuscheln marinieren und mit Salz und Pfeffer würzen.
2. Das Pflanzenöl mit der geschmolzenen Butter vermengen.
3. Diese Mischung mit den Brick Teig einreiben.
4. Die Teigblätter kreisrund in 3 Stücke ausschneiden und ein paar Pistazien in die Mitte der runden Teigblätter geben.
5. Dabei eine Jakobsmuschel darauf und mit Parmesanstreifen garnieren. Nun den Teig um die Zutaten herum gut verschießen.
6. Beginnen Sie in der Heißluftfritteuse mit dem Frittieren der Teigtaschen auf der Käseseite.
7. Nun auf beiden Seiten bei 160 garen bis eine goldene Farbe entsteht und im Nachgang mit einem gemischten Salat oder Rucola anrichten. Die Garzeit liegt bei etwa 10 Minuten.

Gemüse/ vegetarisch

Gemüse-Hafer-Schnitzel

Arbeitszeit: 30 bis 60 Minuten Schwierigkeitsgrad: einfach

Zutaten für 4 Portionen:

- 1 Paprika rot
- 1 Zwiebel
- 4 Kartoffeln
- 2 Karotten
- 1 Zucchini
- 10 g Haferflocken fein
- 2 Eier
- 250 g Semmelbrösel auch zum Wälzen
- Kümmel
- Majoran getrocknet
- Pflanzenöl zum Bestreichen
- Pfeffer und Salz

Zubereitung

1. Die Kartoffeln waschen, schälen und reiben, ebenso die Karotten. Die Zucchini raspeln und die geschälten Zwiebeln fein hacken und im Nachgang die Paprika waschen das Kerngehäuse entfernen und in kleine Würfel schneiden.
2. Alle Zutaten mit Semmelbrösel, Eier, Gewürze usw. gut vermischen und zu mehreren Schnitzeln formen, dann nachwürzen und in Semmelbrösel wälzen.
3. Die Gemüseschnitzel mit Öl bestreichen, in den Frittier-Korb geben und bei 180 Grad ca. 10 Minuten ausbacken.

Kürbispommes mit leckerem Joghurtdip

Arbeitszeit: 15 bis 30 Minuten Schwierigkeitsgrad: einfach

Zutaten für 4 Portionen:

- 1 Hokkaido Kürbis
- Etwas Pommes-Gewürz
- 3 EL Sonnenblumenöl
- Etwas Currypulver

- Joghurtdip:
- 250 g Naturjoghurt
- 1 kleine gepresste Knoblauchzehe
- Pfeffer und Salz

Zubereitung

1. Den Kürbis in dünne Scheiben schneiden. Der Hokkaido muss dabei nicht geschält werden, aber vom Kerngehäuse befreit sein. Die Kürbis Scheiben mit ÖL bestreichen und mit Pommes- und Currygewürz bestreuen.
2. Bei 200 Grad ca. 15 Minuten im Frittier-Korb der Heißluftfritteuse garen und in der Zwischenzeit alle Zutaten zu einem Dipp verrühren.
3. Die heißen Kürbispommes mit dem leckeren Joghurtdip servieren.

Zucchini-Feta Tatzen

Arbeitszeit: 15 bis 30 Minuten Schwierigkeitsgrad: einfach

Zutaten für 4 Portionen:

- 2 Zucchini
- 2 Zeige Oregano
- Olivenöl
- 150 g Fetakäse
- Pfeffer und Salz

Zubereitung

1. Den Fetakäse aus der Packung nehmen und gut abtropfen lassen, danach in kleine Stäbchen schneiden und anschließend das Oregano zupfen und klein hacken.
2. Die gewaschenen Zucchini vom Strunk entfernen, halbieren und Einschnitte der Länge nach in der Schale vornehmen. Darin wird der Fetakäse platziert und mit Salz, Pfeffer und Oregano gewürzt, sowie mit Oliven beträufelt.
3. Auf die Backform der Heißluftfritteuse legen und bei 160 Grad ca. 25 Minuten lang grillen.

Kartoffel-Gemüse-Strudel

Arbeitszeit: 30 bis 60 Minuten Schwierigkeitsgrad: normal

Zutaten für 4 Portionen:

- 50 g Brokkoli
- 50 g Karotten
- 50 g Erbsen
- 250 g Kartoffeln mehlig gekocht
- 100 g Frischkäse mit Kräutern
- Frische Kräuter
- 1 Ei
- Pfeffer und Salz
- 2 Strudelblätter (Fertigprodukt)
- Milch zum Bestreichen

Zubereitung

1. Den Brokkoli mundegerecht zerteilen und die geschälten Karotten klein würfeln, das Gemüse und die Erbsen in kochendem Salzwasser al dente kochen.
2. In der Zwischenzeit die Kräuter waschen und fein hacken.
3. Die bereits gekochten Kartoffeln mit Ei, den Kräutern, Pfeffer und Salz sowie dem Frischkäse gut vermischen.
4. Nun die Strudelblätter ausbreiten und auf die Grilltasse legen und mit der Kartoffelmasse bestreichen und das Gemüse gleichmäßig darüber verteilen. Im Anschluss eine feste Rolle daraus machen und mit der Milch einpinseln.
5. Bei 180 Grad in der Heißluftfritteuse ca. 30 Minuten goldgelb backen.

Gebackene Aubergine

Arbeitszeit: 30 bis 60 Minuten Schwierigkeitsgrad: einfach

Zutaten für 2 Portionen:

- 1 große Aubergine
- 1 Knoblauchzehe
- 1 kleine Zwiebel oder Schalotte
- 250 g Tomaten
- ½ Bund frisches Basilikum
- 1 Packung Mozzarella
- ½ EL getrocknete gemischte Kräuter
- Pflanzenöl
- Pfeffer und Salz

Zubereitung:

1. Die gewaschenen Tomaten in Würfel schneiden, die Zwiebel und den Knoblauch schälen und ebenso in kleine Würfel schneiden, den Mozzarella gut abtropfen lassen und in gleichmäßige Scheiben schneiden.
2. Nun das Öl erhitzen, den Knoblauch und die Zwiebel in der Pfanne darin anschwitzen und etwa ¼ Stunde kochen lassen und mit der Kräutermischung sowie Salz und Pfeffer gut würzen.
3. Die gewaschenen Auberginen in ungefähr 1 cm gleichdicke Scheiben schneiden und auf die Grillplatte der Heißluftfritteuse legen und mit etwas Tomatensauce und den Mozzarella-Scheiben belegen.
4. Bei 180 Grad gute 20 Minuten backen und mit Basilikum garnieren.

Kartoffelflecken mit Knoblauch

Arbeitszeit: 15 bis 30 Minuten Schwierigkeitsgrad: einfach

Zutaten für 4 Portionen:

- 750 g Kartoffeln festkochend
- 1 EL Olivenöl
- 1 zerdrückte Knoblauchzehe
- 1 EL frischer Thymian
- Meersalz

Zubereitung:

1. Die gewaschenen Kartoffeln schälen und in dünne Scheiben schneiden. Mit einem Küchenkrepp trocken tupfen und die Scheiben in einer Mischung aus Thymian, Knoblauch und Olivenöl wenden.
2. Nun die Kartoffelscheiben im Frittier-Korb der Heißluftfritteuse bei 180 Grad ca. 20 Minuten backen, bis sie goldbraun und gar sind.
3. Im Nachgang mit Salz bestreuen und servieren.

Gemüselasagne

Arbeitszeit: 60 Minuten Schwierigkeitsgrad: normal

Zutaten für 2 Portionen:

- 1 rote Paprika
- 1 kleine Schalotte
- ¼ Laufstange
- 1 kleine Karotte
- 1 kleine Zucchini
- ½ Stange Lauch
- 50 g Champignons
- 20 g Parmesan
- 100 ml Tomatensaft
- 1 kleiner Zweig Thymian
- 1 kleiner Zweig Rosmarin
- 1 Lorbeerblatt
- Béchamelsoße
- Butterflocken
- 4 Lasagne-Blätter
- Pflanzenöl
- Pfeffer und Salz

Zubereitung

1. Das Gemüse vorbereiten, waschen, entkernen dann schälen und schneiden. Dazu den Knoblauch und die Zwiebel würfeln und die Champignons vierteln. Die Kräuter wiederum fein hacken.
2. Anschließend Knoblauch und Zwiebel mit Öl in einer Pfanne anbraten und das Gemüse hinzugeben, den Tomatensaft im Nachgang darüber geben und mit Pfeffer und Salz würzen. Sie Sauce kochen und eindicken lassen.
3. Nun die Backform einfetten und nacheinander schichten mit Gemüse, Bèchamelsauce und den Lasagne-Blättern. Solange wiederholen bis alles aufgebraucht ist. Die letzte Schicht stellt die Béchamelsauce dar, die mit Parmesan und Butterflocken bestreut wird.
4. Das leckere Gericht bei 180 Grad 40 Minuten lang in der Heißluftfritteuse ausbacken.

Champignons knusprig

Arbeitszeit: 15 bis 30 Minuten Schwierigkeitsgrad: einfach

Zutaten für 2 Portionen:

- 250 g Champignons
- 1 verquirltes Ei
- 50 g Semmelbrösel
- 50 g Mehl (wenn nötig)
- Pfeffer und Salz

Zubereitung:

1. Die Champignons gut putzen aber nicht waschen und mit Mehl, dem verquirlten Ei und den Semmelbrösel panieren.
2. Im Nachgang in den Frittier-Korb setzen und bei 180 Grad gute 10 Minuten lang frittieren.
3. Ein idealer Snack für Zwischendurch oder als Hauptgericht mit einem Baguette und einem Salat zu genießen.

Spargelgemüse

Arbeitszeit: 15 bis 30 Minuten Schwierigkeitsgrad: einfach

Zutaten für 2 Portionen:

- 8 Stangen Spargel jeweils 4 weiß/grün
- 2 Tomaten
- Zucker
- 100 ml Gemüsebrühe
- 2 Zweige Zitronenmelisse
- Pfeffer und Salz

Zubereitung

1. Bei dem gewaschenen und geschälten Spargel die holzigen Enden entfernen und in kleine Stücke schneiden, danach mit Pfeffer, Zucker, Salz sowie einem Klacks Butter vermischen.
2. Im Anschluss die Tomaten waschen, entkernen und in kleine Würfel schneiden.
3. Nun den Spargel in den Backeinsatz geben und darüber die Gemüsebrühe gießen und bei 160 Grad in der Heißluftfritteuse erhitzen.
4. Nach 15 Minuten die Tomatenwürfel hinzugeben und gute weitere 5 Minuten garen.
5. Das Spargelgemüse aus der Fritteuse nehmen und mit der gehackten Zitronenmelisse vermischen.

Gemüse-Muffins

Arbeitszeit: 15 bis 30 Minuten Schwierigkeitsgrad: einfach

Zutaten für 4 Portionen

- 25 g Sauerrahm
- 75 g Mehl
- 1 EL Olivenöl
- 1 Ei (M)
- 1 kleine Knoblauchzehe
- 50 g Buttermilch
- 1 Zweig Thymian
- 1 TL Backpulver
- Pfeffer und Salz
- Füllung:
- 1 rote Paprika
- 20 g Oliven
- 30 g Pinienkerne
- 100 g grünen Spargel
- 20 g getrocknete Tomaten
- 20 g gehackte Oliven

Zubereitung

1. Das Mehl mit dem Backpulver und Salz vermischen.
2. Anschließend ein Ei aufschlagen und mit Sauerrahm, Buttermilch und dem Olivenöl vermengen.
3. Die Masse zu dem Mehl geben und zu einem glatten klumpen freien Teig verrühren und mit Salz und Pfeffer abschmecken. Jetzt das Gemüse unterheben und alles gut miteinander verkneten.
4. In Muffin-Förmchen die Teigmasse geben und bei 140 Grad ca. 15 Minuten backen. Die Garzeit hängt von der Größe der Förmchen ab.
5. Zum Schluss nochmal auf 180 Grad Temperatur erhöhen und mit Olivenöl einpinseln, goldgelb ausbacken und im Nachgang heiß servieren. Die Muffins können auch kalt gegessen werden.

Kartoffel-Pilz-Frittata

Arbeitszeit: 15 bis 30 Minuten Schwierigkeitsgrad: einfach

Zubereitung für 2 Portionen:

- 150 g Pilze nach Wahl
- 150 g festkochende Kartoffeln
- 50 g Kirschtomaten
- 2 Stangen Frühlingszwiebeln
- 75 ml Sahne
- 3 Eier (S)
- 1 kleiner Zweig Rosmarin
- Olivenöl
- Pfeffer und Salz

Zubereitung

1. Die Kartoffeln am Vortag kochen und diese am nächsten Tag in 2 cm große Würfel schneiden.
2. Die Pilze säubern und in mundgerechte Stücke schneiden. Nun die Frühlingszwiebeln in feine Ringe schneiden und die gewaschenen Kirschtomaten halbieren.
3. In etwas Öl die Kartoffeln wenden und das bei 175 Grad ca. 10 Minuten lang.
4. Des weiteren die Pilze, Frühlingszwiebeln, Kirschtomaten und den gehackten Rosmarin ebenfalls in die Heißluftfritteuse geben und weitere 5 Minuten lang garen.
5. Die Sahne mit den aufgeschlagenen Eiern verquirlen und mit Pfeffer und Salz würzen, danach über die Kartoffel-Pilz-Mischung verteilen.
6. Das Ganze bei 175 Grad nochmals 10 Minuten garen. Dann anrichten und garnieren.

Gegartes Ofengemüse

Arbeitszeit: 15 bis 30 Minuten Schwierigkeitsgrad: einfach

Zutaten für 2 Portionen:

- 1 gelbe Paprika
- 1 rote Paprika
- 1 rote Zwiebel
- 1 Zucchini gelb oder grün
- ½ Bund frischer Thymian
- 1 EL Puderzucker
- Olivenöl
- Pfeffer und Salz

Zubereitung

1. Das Gemüse waschen, putzen und in grobe Würfel schneiden, mit Zucker, Pfeffer, Salz, dem gehackten Thymian und Öl marinieren.
2. Das Gemüse im Anschluss auf den Gittereinsatz der Heißluftfritteuse geben und für 15 bis 20 Minuten bei 180 Grad garen.
3. Im Nachgang mit frischen Kräutern garnieren und servieren.

Kürbiskrautstrudel nach steirischer Art

Arbeitszeit: 60 Minuten Schwierigkeitsgrad: einfach

Zutaten für 4 Portionen:

- 1 Packung Strudelteil
- Füllung:
- 300 g Weißkraut
- 400 g Kürbis, wenn möglich Hokkaido oder Butternut
- 1 EL gehackte Petersilie (frisch)
- 2 weiße Zwiebeln
- 50 g flüssige Butter
- Gemahlene Muskatnuss
- ½ TL gemahlener Kümmel

Zubereitung

1. Den Kürbis waschen, vierteln, grob reiben, mit Salz vermengen und 15 Minuten langziehen lassen.
2. Das gewaschene und geputzte Kraut in sehr feine Streifen schneiden und mit der geschnittenen Zwiebel sowie den Gewürzen und der Petersilie mischen.
3. Nun den Strudelteig auf einer bemehlten Fläche ausbreiten und mit flüssiger Butter bestreichen und die Füllung auf die untere Hälfte hin verteilen. Ungefähr 3 cm vom Rand frei lassen und mithilfe eines Tuches vorsichtig einschlagen damit der Teig nicht reist. Dann die Enden einschlagen und zu einem wohlgeformten Strudel formen.
4. Im Anschluss auf die Grilltasse der Heißluftfritteuse setzen und mit der restlichen Butter bestreichen.
5. Nun bei 180 Grad gute 25 Minuten backen und vor dem Verzehr etwas abkühlen lassen. Wer möchte, kann diesen noch mit Kürbiskernöl bestreichen.

Zucchini-Kartoffel Taler

Arbeitszeit: 15 bis 30 Minuten Schwierigkeitsgrad: einfach

Zutaten für 4 Portionen:

- 300 g Zucchini
- 500 g mehlig gekochte Kartoffeln
- 300 g Frischkäse
- 1 Prise Muskatnuss
- ½ Bund frische Petersilie
- 100 g Mehl
- Pfeffer und Salz
-
- Panade:
- 2 Eier
- 100 g Mehl
- 100 g Semmelbrösel
- Öl

Zubereitung

1. Die vorgekochten Kartoffeln schälen und durch eine Kartoffelpresse drücken.
2. Nun die gewaschenen Zucchini grob raspeln, salzen und kurz stehen lassen, anschließend das überschüssige Wasser abgießen. Das geschieht am einfachsten, wenn man die Zucchini mit den Händen ausdrückt.
3. Jetzt die gewaschene Petersilie klein hacken und die Kartoffeln mit Zucchini, Frischkäse, Mehl und Petersilie darunter geben. Ebenso mit Pfeffer, Salz und Muskatnuss würzen.
4. Nun gleichgroße flache Pflanzerl herstellen, diese mit Öl besprühen und in den Korb der Heißluftfritteuse geben. Dann bei 180 Grade 10 Minuten lang ausbacken.

Lauch-Brokkoli-Strudel

Arbeitszeit: 30 bis 60 Minuten Schwierigkeitsgrad: normal

Zutaten für 2 Portionen:

- 150 g Brokkoli gekocht
- 100 g Lauch
- 150 g gekochte Kartoffeln
- 100 ml Sahne
- 100 g Schafkäse
- 1 Zehe Knoblauch
- 1 Ei
- 100 g Quark
- ½ Packung Strudelteig
- 15 g flüssige Butter
- Etwas gemahlenen Kümmel
- Etwas gemahlene Muskatnuss
- Pfeffer und Salz

Zubereitung

1. Den gekochten Brokkoli sowie die gekochten Kartoffeln in mundgerechte Stücke schneiden und den Lauch in Ringe schneiden.
2. Das Gemüse vermengen und mit Pfeffer, Salz, Kümmel sowie Muskatnuss würzen. Ebenso den Quark und die aufgeschlagenen Eier unter das Gemüse mischen.
3. Jetzt den Strudelteig ausbreiten und mit flüssiger Butter bestreichen und das zweite Blatt darüberlegen.
4. Dann den Strudelteig halbieren und mit flüssiger Butter bestreichen und auf die untere Hälfte des Strudelteigs die Mischung verteilen. Dabei einen Rand von 3 cm frei lassen, dann einrollen und die Enden gut verbinden. Mit der noch verbleibenden Butter bestreichen und auf der Grilltasse der Heißluftfritteuse bei 185 Grad 25 Minuten lang backen.
5. Anschließend die Sahne im Topf aufkochen lassen und den Schafskäse nach und nach hineinbröseln. Mit Salz, Pfeffer und fein gehacktem Knoblauch würzen.
6. Den Strudel aufschneiden und mit der Sauce servieren.

Spargellasagne

Arbeitszeit: 30 bis 60 Minuten Schwierigkeitsgrad: einfach

Zutaten für 4 Portionen:

- 500 g weißer Spargel
- 500 g grüner Spargel
- 9 Lasagne-Blätter
- 500 ml Milch
- 2 EL Mehl
- 2 EL Butter
- 100 g Parmesan
- Oregano
- Gemahlene Muskatnuss
- Béchamelsoße (Fertigprodukt)
- Pfeffer und Salz

Zubereitung:

1. Den grünen Spargel einfach am unteren Ende abschneiden. Den weißen hingegen Schälen und die holzigen Stellen entfernen. Beide Sorten im Salzwasser mit Butter al dente kochen.
2. Nun die Backform der Heißluftfritteuse einfetten und Schicht für Schicht Lasagne, Spargel und die Béchamelsauce einfüllen, bis alle Zutaten aufgebraucht sind.
3. Bei 200 Grad ca. 25 Minuten lag garen und heiß servieren.

Mozzarella-Tomaten Teigtaschen

Arbeitszeit: 30 bis 60 Minuten Schwierigkeitsgrad: einfach

Zutaten für 4 Portionen:

- 300 g Mehl
- 125 ml Mineralwasser
- 1 Prise Salz
- 4 EL Olivenöl
- Füllung:
- 1 Dose gehackte Tomaten
- 1 Packung Mozzarella
- Etwas Basilikum
- Pfeffer und Salz
-
- Panade:
- 1 Ei
- Semmelbrösel

Zubereitung

1. Die Zutaten für den Teig gut verkneten und ruhen lassen.
2. Die abgetropften Tomaten mit Basilikum, sowie Pfeffer und Salz würzen.
3. Nun den Mozzarella abtropfen lassen und in dünne gleichmäßige Scheiben schneiden.
4. Den verkneteten Teig in 8 gleichgroße Stücke teilen und zu einem Kreis ausrollen. Mit etwas Tomatenfüllung in der Mitte bestreichen und den Teig zu einem Halbkreis zusammenfalten. Mit einer Gabel die Ränder gut festdrücken.
5. Mit dem verquirlten Ei die Teigtaschen bepinseln und dann in den Semmelbrösel wenden.
6. Bei 180 Grad ca. 10 bis 15 Minuten lang backen und im Anschluss heiß servieren.

Gemüsenuggets

Arbeitszeit: 30 bis 60 Minuten Schwierigkeitsgrad: einfach

Zutaten für 4 Portionen:

- 300 TK Gemüse (Karotten, Mais, Erbsen, usw.)
- 200 g mehlige Kartoffeln
- 50 g Mehl
- 1 Ei
- Pfeffer und Salz
-
- Panade:
- 100 g Semmelbrösel
- 2 Eier
- 100 g Mehl

Zubereitung

1. Die gewaschenen Kartoffeln schälen und in heißem Salzwasser ca. 20 Minuten lang kochen. Das TK-Gemüse mit wenig Wasser kochen lassen.
2. Sind die Kartoffel gar, diese durch eine Kartoffelpresse drücken und das Gemüse wiederum mit Mehl und Ei vermengen und mit Salz und Pfeffer würzen.
3. Nun alles zu einer rechteckigen Masse formen und daraus auch rechteckige Nuggets schneiden oder ausstechen.
4. Diese dann in Mehl wenden durch das verquirlte Ei ziehen und in den Semmelbrösel wälzen.
5. Die Gemüsenuggets mit Öl bestreichen und bei 180 Grad ca. 15 bis 20 Minuten lang ausbacken.

Eierschwammerl-Gulasch

Arbeitszeit: 15 bis 30 Minuten Schwierigkeitsgrad: einfach

Zutaten für 4 Portionen:

- 800 g Eierschwammerl
- 1 kleine Zwiebel
- 50 ml Pflanzenöl
- 10 g Paprikapulver edelsüß
- 125 ml Sauerrahm
- 1 TL Mehl
- 3 EL Essig
- Pfeffer und Salz

Zubereitung

1. Die Eierschwammerl putzen und in mundgerechte Stücke schneiden, im Nachgang die geschälte Zwiebel klein würfeln und mit etwas Öl 2 Minuten lang in der Heißluftfritteuse bei 180 Grad garen.
2. Anschließend die Schwammerl, Pfeffer, Salz, sowie Essig und Paprikapulver hinzufügen, gut vermischen und weitere 10 Minuten weich garen.
3. Zwischenzeitlich das Mehl mit dem Sauerrahm glattrühren und unter das Eierschwammerl-Gulasch geben und wiederum verrühren. Nochmals für weitere 5 Minuten garen und danach heiß anrichten und servieren.

Kartoffelkroketten mit Parmesankäse

Arbeitszeit: 30 bis 60 Minuten Schwierigkeitsgrad: einfach

Zutaten für 4 Portionen:

- 300 g mehlige Kartoffeln
- 50 g Parmesan
- 1 Eigelb
- 2 EL fein gehackter frischer Schnittlauch
- 2 EL Mehl
- Gemahlene Muskatnuss
- 50 g Semmelbrösel
- 2 EL Pflanzenöl
- Pfeffer und Salz

Zubereitung

1. Die Kartoffelwürfel in Salzwasser kochen und nach der Garzeit von 15 Minuten durch eine Kartoffelpresse drücken.
2. Unter die Kartoffelmasse das Mehl, Eigelb, den kleingehackten Schnittlauch sowie den Parmesan geben und mit der gemahlenen Muskatnuss abschmecken.
3. Die Semmelbrösel mit dem Öl mischen, bis die Mischung wieder bröselig und locker wird.
4. Aus der Kartoffelmasse ca. 12 Kroketten formen und diese in den Semmelbrösel wenden bis sie vollständig paniert sind.
5. Jeweils 6 Kroketten in den Gar-Korb der Heißluftfritteuse geben und bei 200 Grad ca. 5 bis 6 Minuten knusprig braun ausbacken.

Blumenkohl nach Hausfrauenart

Arbeitszeit: 15 Minuten Schwierigkeitsgrad: leicht

Zutaten für 4 Portionen:

- 1 Blumenkohl der Größe von 600 g
- Frische Semmelbrösel
- 2 Eier
- Salz und Pfeffer

Zubereitung

1. Blumenkohl waschen, den Strunk entfernen und in kleine Röschen aufteilen.
2. Bevor Sie den Blumenkohl in die Heißluftfritteuse geben, diesen kurz in kochendem Wasser blanchieren. Dann mit einem Küchenkrepp vorsichtig abtupfen.
3. Nun die Eier mit Salz und Pfeffer verquirlen und den Blumenkohl darin eintunken und dann in Paniermehl wenden. Gerne können Sie zur Geschmacksverfeinerung dieses mit Parmesan verfeinern. Das gibt dem Blumenkohl eine besonders schmackhafte Note.
4. Bei etwa 180 Grad ca. 8 bis 10 Minuten knusprig backen. Empfehlenswert wäre hier eine Heißluftfritteuse mit etwas Öl zu verwenden!

Saisonales Gemüse

Arbeitszeit: 30 Minuten Schwierigkeitsgrad: leicht

Zutaten für 4 Portionen:

- 300 g Knollensellerie
- 300 g Kürbis entweder Butternut oder Hokkaido
- 300 g Pastinaken
- 2 mittelgroße Zwiebeln
- 1 EL frischer Thymian
- 1 EL Olivenöl
- Salz und Pfeffer

Zubereitung

1. Das Gemüse gründlich waschen nach Bedarf schälen und in Würfel schneiden.
2. Im Nachgang mit den Gewürzen und dem Öl vermengen.
3. Die Heißluftfritteuse auf 180 Grad einstellen und den Korb mit dem marinierten Gemüse befüllen. Dann ca. 18 bis 20 Minuten garen.
4. Eine schmackhafte und sättigende Variante mit dem gewissen Biss an Natürlichkeit.

Pizza mit Kürbis-Boden

Arbeitszeit: 20 Minuten Schwierigkeitsgrad: leicht

Selbst vor einer Pizza macht eine multifunktionale Heißluftfritteuse nicht halt. Hier können Sie nach Lust und Laune kreieren und selbst gestalten. Lassen Sie Ihrem Geschmackssinn einfach freien Lauf. Verwenden Sie dazu eine Heißluftfritteuse, die auch ein gewisses Platzangebot aufweist.

Zutaten für 2 Portioen:

- 1 Ei
- 300 g Muskatkürbis fein gerieben und auch ausgedrückt
- 1 EL Polenta oder Grieß
- 1 Becher Cottage-Cheese
- Salz und Pfeffer
-

Zubereitung

1. Bei dieser Variante kommt es nicht auf den Belag, sondern den leckeren Pizzateig an. Dieser wird mit allen Zutaten vermischt.
2. Pizzateig Backen: bei 200 Grad etwa 10-20 Minuten in der Heißluftfritteuse gebacken.
3. Folgen Sie dem Herstellerprogramm für Ihren Multicooker oder der Heißluftfritteuse. Denn nicht alle Geräte eignen sich zum Pizza backen. Das sollte gleich bei der Anschaffung für Pizzafans bedacht werden!!!

Linsenpuffer

Arbeitszeit: 30 bis 40 Minuten Schwierigkeitsgrad: leicht

Kartoffelpuffer sind gang und gäbe, doch Linsenpuffer bei weitem nicht so bekannt und einen leckeren und einfachen Versuch wert.

Zutaten für 2 Portionen:

- 250 g rote Linsen
- 4 fein geriebene Karotten
- 1 Zwiebel fein gewürfelt
- 1 TL ÖL geröstet
- 2 EL zarte Haferflocken
- 1 EL Grieß
- 1 Ei
- 5 EL geriebener Parmesan

Zubereitung

1. Die Linsen kochen und gut die Hälfte davon mit einem Stabmixer pürieren.
2. Im Nachgang alle Zutaten vermengen auch die noch ganzen Linsen. Danach zu kleinen Linsenpuffern formen.
3. Puffer auf die Grillplatte der Heißluftfritteuse legen und bei 170 ca. 30 Minuten ausbacken.

Aubergine mit Tomatensoße

Arbeitszeit: 60 Minuten Schwierigkeitsgrad: normal

Zutaten für 2 Portionen:

- 100 g Mehl
- 1 große Aubergine
- 150 ml Milch
- 1 gehackte Zwiebel
- 100 g Mehl
- 1 verquirltes Ei
- 400 g Tomatenwürfel aus der Dose
- 1 TL getrockneter Oregano
- ½ Lorbeerblatt
- 1 zerdrückte Knoblauchzehe
- Zutaten Tomaten Soße:
- 1 EL Tomatenmark
- 150 ml Rotwein
- 2 TL Zucker
- 2 EL frische gehackte Petersilie
- Salz und Pfeffer

Zubereitung

1. Beginnen Sie mit der ungeschälten Aubergine und schneiden diese längs in ca. 1,5 cm dicke Scheiben und bestreuen sie mit Salz. So kann das Salz 30 Minuten lang in die Aubergine einziehen.
2. Nun die Soße zubereiten. Alle Zutaten zusammenmischen und kurz zum Kochen bringen.
3. Knoblauch und Zwiebeln in der Heißluftfritteuse anbraten. Die Aubergine wiederum muss noch warten. Dann die restlichen Zutaten mit beigeben.
4. Das Lorbeerblatt herausnehmen und wenn gewünscht mit Speisestärke andicken.
5. Salz und Mehl in eine Schüssel geben, 1 Ei dazu und nach und nach die Milch einrühren.
6. Bis ein homogener Teig entstanden ist. Die Auberginenscheiben in die Teigmischung geben und den überschüssigen Teig abtropfen lassen.
7. Die Auberginenscheiben in den Frittier-Korb geben und bei 200 Grad ca. 3 bis 4 Minuten lang im Öl goldbraun und knusprig ausbacken. Im Nachgang mit der schmackhaften Soße servieren.

Champignon-Risotto nach französischer Art

Arbeitszeit: 60 Minuten Schwierigkeitsgrad: normal

Zutaten 4 Portionen:

- 100 g braune Champignon klein geschnitten
- 100 g weiße Champignon geviertelt
- 1 l Gemüsebrühe
- 125 ml trockenen Weißwein
- 1 EL Olivenöl
- 80 g Butter klein gewürfelt
- 1 Zwiebel geschält und fein gehackt
- 440 g Arborio-Reis
- 20 g geriebener Parmesan
- 80 g Enoki-Pilze, bitte die Enden gut säubern
- 50 g frische gehackte Petersilie
- 125 ml Olivenöl
- 1 Prise Salz
- 3 Knoblauchzehen in dünne Scheiben schneiden
- 2 TL fein geriebene Zitronenschale in Bioqualität
- 40 g frischer Salbei gut zerkleinert
- 1 kleine Prise Safranfäden

Zubereitung

1. 1 EL Öl, Knoblauch, Zitrone und das Salbei in einer Pfanne erwärmen und bei geringer Hitze ziehen lassen. Die Pfanne von der Kochplatte nehmen und den Wein bei mittlerer Hitze in die Pfanne geben, danach aufkochen und reduzieren lassen.
2. Nun die Heißluftfritteuse mit der Butter und dem Öl befüllen und die gehackte Zwiebel mitbeigeben. Alles kurz andünsten und die Champignons untermengen. Etwa 5 Minuten garen lassen.
3. Den bereits gekochten Reis unterheben, mit allen Zutaten vermengen und mit 125 ml Gemüsebrühe aufgießen. Das Gericht ist fertig, wenn die Flüssigkeit aufgesogen ist. Dies kann bei einem Risotto bis zu 25 Minuten bei 160 Grad andauern.
4. Im Anschluss die Enoki-Pilze für ca. 3 Minuten in dem Risotto garen und mit der Petersilie und dem Parmesan untermengen.

Vegetarische Gemüsepfanne

Arbeitszeit: 15 Minuten Schwierigkeitsgrad: leicht

Zutaten für 2 Portionen:

- 1 Zucchini
- 1 Knoblauchzehe
- Etwas frisches Basilikum
- 1 Zwiebel
- 1 TL Olivenöl
- 1 rote, gelbe und grüne Paprika
- Salz und Pfeffer

Zubereitung

1. Die 3 Paprika waschen und in mundegerechten Würfel schneiden. Ebenfalls die Zucchini in dieser Form schneiden und wenn gewünscht vorher schälen.
2. Im Anschluss die Zwiebeln in kleine Würfel schneiden, den Knoblauch pressen und mit dem Olivenöl in die Heißluftfritteuse geben. Etwa 2 Minuten garen bei 180 Grad und das restliche Gemüse beimengen und weitere 8 bis 10 Minuten kochen.
3. Im Nachgang mit frischen Kräutern würzen und mit einem frischen Baguette oder Brot servieren.

Vegetarische Tacos

Arbeitszeit: 15 Minuten Schwierigkeitsgrad: leicht

Zutaten für 2 Portionen:

- 200 g Kidneybohnen
- 2 Tacos
- 1 Zwiebel
- 1 Knoblauchzehe
- ½ TL Kreuzkümmel
- ½ TL Chilipulver
- 100 ml Tomatensoße
- 1 Limette
- 2 EL Olivenöl
- ½ rote Zwiebel
- 50 g Feta-Käse
- 1 Bund frischer Koriander
- Salz und Pfeffer

Zubereitung

1. Die weiße Zwiebel in Würfel schneiden und anschließend in die Heißluftfritteuse geben.
2. Die Tomatensoße, die Kidneybohnen, den klein gehackten Knoblauch sowie 2 Esslöffel Olivenöl ebenfalls in die Heißluftfritteuse geben.
3. Außer dem frischen Koriander auch die Gewürze dazugeben und 10 Minuten bei 180 Grad garen lassen.
4. In der Zwischenzeit den Koriander fein hacken und die rote halbe Zwiebel in dünne Streifen schneiden. Den Feta-Käse zerkleinern und die Limette vierteln.
5. Die Füllung aus der Heißluftfritteuse nehmen und gleichmäßig in die beiden Tacos verteilen.
6. Den Feta-Käse zum guten Schluss obendrauf streuen, den Koriander und die roten Zwiebelstreifen ebenfalls. Ein wenig Limettensaft dazu und fertig ist ein leckeres Gericht.

Fitnessbrot

Arbeitszeit: 90 Minuten Schwierigkeitsgrad: normal

Zutaten für 4 Portionen:

- 150 g Roggenvollkornmehl
- 150 g Weizenvollkornmehl
- 25 g Hefe
- 1 EL Agavendicksaft
- 1 EL Leinsamen
- 40 g Walnüsse
- 50 g Dörrobst nach Wahl
- 35 g Kürbiskerne
- 1 TL Salz
- Etwas Wasser

Zubereitung

1. Die Mehlsorten gut mischen und die Hefe in lauwarmen Wässer auflösen, aufgehen lassen und mit Agavendicksaft verrühren. Das Restliche Mehl dazugeben und mit Öl zu einem homogenen Teig verrühren.
2. An einer warmen Stelle gut 30 Minuten gehen lassen.
3. Nun das Dörrobst und die Nüsse in Ihre gewünschte Größe hacken und dem Teig nach der Gehzeit hinzugeben.
4. Anschließend den Teig in die Backform geben und in der Heißluftfritteuse ein weiteres Mal gute 15 Minuten gehen lassen.
5. Bei 200 Grad etwa 5 Minuten backen und anschließend auf 180° Grad reduzieren und 55 Minuten ausbacken.
6. So entsteht eine knusprige Kruste. Damit das Brot schön glänzt, können Sie es während des Backvorgangs mit etwas Wasser bestreichen.

Knusprige Pommes

Arbeitszeit: 30 Minuten Schwierigkeitsgrad: leicht

Was wäre eine Fritteuse ohne die Zutaten, die sie weltberühmt machten. Die Pommes und die werden in der Heißluftfritteuse besonders knusprig und schmackhaft. Vor allem mit sehr wenig Öl und einem Gesundheitsaspekt dazu.

Zutaten 2 bis 3 Portionen:

- 400 g Kartoffeln (festkochend)
- 1 EL Öl entweder Erdnuss- oder Olivenöl
- Salz

Zubereitung

1. Aus den geschälten Kartoffeln müssen erstmal Pommes entstehen. Dafür bietet sich ein Pommes-Schneider an, oder Sie müssen selbst Handanlegen. Achten Sie darauf, dass die Pommes eine Dicke von ca. 8 mm aufweisen und alle gleich sind.
2. Dann gut abtrocknen, sonst werden die Pommes eher zu Matsch.
3. Die Pommes nun mit Öl vermengen und in die Heißluftfritteuse geben.
4. Bei 190 Grad etwa 15 bis 20 Minuten später sind die Pommes servierbereit und müssen nur noch nach Belieben gesalzen werden.

Gefüllte Champignons

Arbeitszeit: 20 Minuten Schwierigkeitsgrad: leicht

Zutaten für 10 Portionen:

- 10 große weiße Champignons
- 1 TL Olivenöl
- ¼ TL Cayennepfeffer
- ¼ TL schwarzer Pfeffer
- 1 Packung Frischkäse
- 1 gehackte Knoblauchzehe
- ¼ Tasse geriebener Parmesan

Zubereitung

1. Champignons säubern und die Stiele vorsichtig entfernen und kleinhacken.
2. Für die Füllung Olivenöl in eine Pfanne mit dem gehackten Knoblauch geben und anbraten. Danach die gehackten Stile mit beigeben.
3. Abgekühlt mit dem Frischkäse, Salz und Pfeffer sowie dem geriebenen Parmesan vermischen.
4. Die 10 Champignons mit der Masse befüllen und bei 175 Grad in der Heißluftfritteuse ca. 10 Minuten lang garen.
5. Wer möchte, kann eine Scheibe Käse auf die Champignons legen, das verfeinert den Geschmack.

Käse Spinat Omelett

Arbeitszeit: 15 Minuten Schwierigkeitsgrad: leicht

Zutaten für 2 Portionen:

- 100 ml Milch
- 3 Eier (M)
- 40 g Spinat (TK-Ware aufgetaut)
- 70 g geriebenen Käse nach Wahl

Zubereitung

1. Eier und Milch verquirlen, würzen und in mit dem Käse und Spinat vermengen.
2. In eine geeignete Auflaufform geben. Diese in die Heißluftfritteuse geben und bei ca. 180 Grad goldgelb ausbacken.

Beilagen

Kartoffelchips

Arbeitszeit: 30 bis 60 Minuten Schwierigkeitsgrad: einfach

Zutaten für 2 Portionen:

- 100 g Kartoffeln
- 1 EL Rapsöl
- Paprikapulver
- Pfeffer und Salz

Zubereitung

1. Die gewaschenen Kartoffeln schälen und mit einem Hobel in feine Scheiben schneiden.
2. Um die Stärke zu reduzieren, die Kartoffeln für 20 Minuten in kaltem Wasser wässern.
3. Im Nachgang gut abtupfen und die Kartoffelscheiben mit Öl vermengen.
4. In die Heißluftfritteuse bei 160 Grad geben und 20 Minuten knusprig backen, danach mit Paprikapulver würzen.
5. Eignet sich als Beilage zu Fisch und Fleisch.

Bratkartoffel

Arbeitszeit: 15 bis 30 Minuten Schwierigkeitsgrad: einfach

Zutaten für 2 Portionen

- 250 g Kartoffeln
- 2 EL Rapsöl
- 1 kleine Zwiebel
- 1 TL ganzer Kümmel
- Pfeffer und Salz

Zutaten

1. Die gewaschenen Kartoffeln in Scheiben schneiden und in kochendem Wasser 3 Minuten lang blanchieren. Danach ausdämpfen lassen und die Zwiebel scharf anbraten.
2. Zusammen mit den Kartoffelscheiben, Kümmel, Pfeffer und Salz in die Heißluftfritteuse geben und mit 2 EL Rapsöl beträufeln. Bei 180 Grad ca. 15 Minuten garen und gelegentlich umrühren.
3. Eignet sich als Beilage zu Gemüse, Fisch und Fleisch.

Geröstete Paprika

Arbeitszeit: 15 bis 30 Minuten Schwierigkeitsgrad: einfach

Zutaten für 4 Portionen:

- 2 Paprika rot und gelb
- 2 EL Olivenöl
- Pfeffer und Salz

Zubereitung

1. Der beiden Paprika mit 2 EL Olivenöl in den Frittier-Korb geben und bei 200 Grad ca. 10 Minuten lang rösten, bis die Haut angeschmort ist.
2. Danach in jeweils 4 Stücke schneiden und die Kerne sowie die weiße Haut entfernen und die Paprika gelb/rot in Streifen schneiden.
3. Nochmals für 45 Minuten bei 180 Grad in die Heißluftfritteuse geben und mit Pfeffer und Salz würzen.
4. Eignet sich als Beilage zu Fisch, Fleisch und Nudelgerichten.

Mini-Paprika mit Ziegenkäse

Arbeitszeit: 15 bis 30 Minuten Schwierigkeitsgrad: einfach

Zutaten für 8 Portionen:

- 100 g Ziegenkäse
- 8 kleine Minipaprika
- ½ EL getrocknete italienische Kräuter
- 1 EL Olivenöl
- Pfeffer und Salz

Zubereitung

1. Bei den Mini Paprika den Deckel abschneiden und das Kerngehäuse entfernen. Anschließend die Ziegenkäsestücke in einem tiefen Teller mit Kräutern, Pfeffer und Salz sowie Öl wenden.
2. Den Ziegenkäse stückweise in jede Mini Paprika geben und nach und nach in dem Frittier-Korb der Fritteuse verteilen.
3. Bei 200 Grad für ca. 10 Minuten ausbacken bis der Käse geschmolzen ist.
4. Eignet sich als Beilage zu Fisch, Fleisch und Nudelgerichten.

Ricotta-Bällchen

Arbeitszeit: 30 bis 60 Minuten Schwierigkeitsgrad: einfach

Zutaten für 4 Portionen:

- 250 g Ricotta
- 1 Ei getrennt
- 2 EL Mehl
- 1 EL Olivenöl
- 3 Scheiben Toast oder Weißbrot
- 1 EL geschnittener Schnittlauch (alt)
- Abrieb einer Orangenschale
- Pfeffer und Salz

Zubereitung

1. In einer Schüssel Eigelb, Mehl, Salz, Pfeffer sowie den Abrieb einer Zitronenschale mit dem geschnittenen Schnittlauch verrühren.
2. Aus der Mischung 20 gleichgroße Bällchen formen und diese etwas ruhen lassen.
3. Nun die Brotscheiben zu Semmelbrösel verarbeiten und mit Öl vermischen.
4. Das Eiweiß wiederum steif schlagen und die Ricotta-Bällchen erst im Eiweiß und dann in den Semmelbrösel wenden.
5. Anschließend die Bällchen nach und nach in den Frittier-Korb der Heißluftfritteuse geben und bei 200 Grad gute 10 Minuten goldbraun ausbacken.
6. Eignet sich als Beilage zu Salaten, Fisch und Fleisch.

Gebackenes Gemüse

Arbeitszeit: 15 bis 30 Minuten Schwierigkeitsgrad: einfach

Zutaten für 4 Portionen:

- 1 Zucchini
- 1 Brokkoli
- 250 g Champignon
- Panieren:
- 200 g Semmelbrösel
- 2 Eier (L)
- 150 g Mehl
- 1 TL Sonnenblumenöl
- Pfeffer und Salz

Zubereitung

1. Den Brokkoli in kleine Röschen zerteilen und in kochendem Salzwasser für 20 Sekunden blanchieren und auf einen Küchenkrepp trocknen lassen.
2. Die Pilze putzen und vierteln.
3. Bei den Zucchini die Enden abschneiden und den Rest in gleiche 1 cm dicke Scheiben schneiden.
4. Dann mit Mehl, dem verquirltem Ei und den Semmelbrösel panieren.
5. Bei 185 Grad in der Heißluftfritteuse 10 Minuten knusprig braun backen.
6. Eignet sich als Beilage zu Fisch, Fleisch und Nudelgerichten.

Pommes Duchesse

Arbeitszeit: 15 bis 30 Minuten Schwierigkeitsgrad: einfach

Zutaten für 4 Portionen:

- 800 g mehlige Kartoffeln
- 2 Eigelbe
- 40 g Butter
- Muskatnuss frisch gerieben
- Pfeffer und Salz

Zubereitung

1. Die geschälten Kartoffeln dämpfen oder kochen und durch die Kartoffelpresse drücken.
2. Mit den restlichen Zutaten (1 Eigelb) zu einer glatten Masse rühren.
3. In einen Spritzsack füllen und auf der eingefetteten Grillplatte der Heißluftfritteuse die Kartoffelmasse darauf spritzen. Mit dem restlichen verquirlten Eigelb die Kartoffelhäufchen einpinseln.
4. Bei 180 Grad gute 13 Minuten backen.
5. Eignet sich als Beilage zu Fisch und Fleisch.

Süßkartoffelpommes

Arbeitszeit: 15 bis 30 Minuten Schwierigkeitsgrad: einfach

Zutaten für 4 Portionen:

- 800 g Kartoffeln
- Etwas Öl
- 1 EL Sesam
- Pfeffer und Salz

Zubereitung

1. Die geschälten Süßkartoffeln entweder mit einem Pommes-Schneider oder in 1 x 1 cm dicke Pommes schneiden.
2. Den Sesam ohne Fett in einer Pfanne anrösten bis er duftet und abkühlen lassen, danach salzen.
3. Die Pommes mit etwas Öl in die Heißluftfritteuse geben und bei 200 Grad ca. 15 Minuten lang garen. Dann die Temperatur auf 180 Grad reduzieren und nochmals 10 Minuten lang fertigbacken.
4. Vor dem Servieren mit der Sesam-Salz-Mischung bestreuen.
5. Eignet sich als Beilage zu Fisch, Fleisch und Gemüse.

Omelette Muffins

Arbeitszeit: 30 bis 60 Minuten Schwierigkeitsgrad: normal

Zutaten für 2 Portionen:

- 15 g geriebener Parmesan
- 4 Eier (M)
- 1 kleine Paprika rot
- 1 kleine Zwiebel
- Etwas gehackte frische Petersilie
- Frischer Chili
- 4 Kirschtomaten
- 50 ml Milch
- Pfeffer und Salz

Zubereitung:

1. Den Parmesan, Milch, Eier sowie Pfeffer und Salz verquirlen.
2. Anschließend die Tomaten, Chili und Paprika waschen, halbieren und in kleine Würfel schneiden. Im Nachgang die Petersilie fein hacken.
3. Die kleine Zwiebel andünsten.
4. In kleine Silikonförmchen alle Zutaten füllen und mit der Eiermasse obendrauf bei 180 Grad ca. 15 Minuten lang ausbacken.
5. Eignet sich als Beilage zu Fisch und Fleisch.

Arancini di Roso

Arbeitszeit: 30 bis 60 Minuten Schwierigkeitsgrad: normal

Zutaten für 4 Portionen:

- 200 g Risotto Reis
- 750 ml Gemüsebrühe
- 2 Frühlingszwiebeln
- 1 Tomate
- 1 Schalotte
- 100 g geriebener Parmesan
- 50 ml Sahne
- 1 Knoblauchzehe

Zubereitung:

1. Die feingehackten Schalotten im Olivenöl mit dem Risotto Reis glasig anbraten und mit der Brühe (1/3) ablöschen.
2. Nun bei mittlerer Hitze und unter ständigem Rühren den Reis ebenfalls in der Heißluftfritteuse einkochen lassen. Immer wenn die Brühe verdampft ist, nachgießen.
3. Nach 10 Minuten die kleingewürfelten, Tomaten, die kleingehackte Knoblauchzehe und die kleingeschnittene Frühlingszwiebel unterheben. Ebenfalls den Parmesan untermengen.
4. Ist der Risotto Reis al dente, dann noch etwas Sahne unterheben und mit Pfeffer und Salz abschmecken.
5. Eignet sich als Beilage zu Fisch, Fleisch und verschiedenen Gemüsegerichten.

Gemüsechips mit Dip

Arbeitszeit: 30 bis 60 Minuten Schwierigkeitsgrad: einfach

Zutaten für 4 Portionen:

- 1 Süßkartoffel
- 3 festkochende Kartoffeln
- 2 rohe rote Beete
- 1 Limette
- 3 Karotten
- 1 Knoblauchzehe
- 1 Bund frische Minze
- 250 ml Naturjoghurt
- 1 TL Stärke
- 1 TL Paprikapulver
- Pfeffer und Salz

Zubereitung

1. Die Rote Beete, Kartoffeln wie Süßkartoffel und die Karotten schälen und in feine Streifen schneiden.
2. Nun die Kartoffeln für 10 Minuten in kaltes Wasser einlegen, was die Stärke reduziert und danach gut abtrocknen.
3. Das gesamte Gemüse mit Stärke, Paprikapulver, den fein gepressten Knoblauch sowie Pfeffer und Salz vermischen.
4. Bei 200 Grad gut 25 Minuten kross backen.
5. Zwischenzeitlich den Joghurt mit der kleingehackten Minze, Pfeffer und Salz sowie dem Limettensaft vermengen.
6. Eignet sich als Beilage zu Grillgerichten und Gemüsevariationen.

Frittierte Zwiebel

Arbeitszeit: 30 bis 60 Minuten Schwierigkeitsgrad: normal

Zutaten für 4 Portionen:

- 1 sehr große Gemüsezwiebel
- 1 l Eiswasser
- 200 ml Milch
- 100 g Mehl
- 1 Ei
- 1 TL Paprikapulver
- Pfeffer und Salz

Zubereitung

1. Die große Zwiebel schälen und dabei die Wurzel gut säubern und unbedingt dranlassen, denn sie hält die Zwiebel auch zusammen.
2. Nun die Zwiebel mit einem sehr scharfen Messer in der Mitte bis 1 cm vor dem Boden einschneiden. So entsteht dann ein Viertel. Im Nachgang die Viertel jeweils 2-mal durchschneiden und die Zwiebel für gute 15 Minuten ins Eiswasser lagen damit sie sich gut trennen lässt.
3. Anschließend die Zwiebel abtropfen lassen und mit einem Küchenkrepp trockentupfen. Nun die einzelnen Blätter vorsichtig auseinanderziehen. Es sollte jedes Blatt separiert sein.
4. Über die geöffnete Zwiebel eine Mischung aus Salz, Milch, Mehl, Ei, gepresstem Knoblauch, Pfeffer und Paprikapulver geben. Damit alle Stellen der Zwiebel benetzt werden, das Gemisch durch ein feines Sieb geben und die Blätter damit bestäuben.
5. Den Vorgang wiederholen.
6. Nun die Zwiebel vorsichtig mit einem Stück Backpapier in die Heißluftfritteuse geben und ebenfalls vorsichtig mit Pflanzenöl einstreichen.
7. Bei 200 Grad gute 15 Minuten frittieren.
8. Eignet sich als Beilage zu Fisch, Fleisch, Gemüse und Nudelgerichten.

Schottische Eier

Arbeitszeit: 15 bis 30 Minuten Schwierigkeitsgrad: einfach

Zutaten für 4 Portionen:

- 6 Eier (L)
- 100 g Semmelbrösel
- 1 EL scharfes Paprikapulver
- 1 TL gemahlene Muskatnuss
- 1 EL körniger Senf
- 100 g Mehl zum Panieren
- 500 g Schweinehack
- Pfeffer und Salz

Zubereitung

1. Gute 9 Minuten bei 170 Grad in der Heißluftfritteuse 4 Eier zum Kochen bringen.
2. Das Hack mit der abgeriebenen Muskatnuss, Pfeffer und Salz, sowie Paprika und Senf vermengen.
3. Nun die Eier abschrecken und gleich pellen. Eine Folie ausbreiten und darauf ¼ des Hackfleisches geben und das hartgekochte Ei in die Mitte legen und mithilfe der Folie das Hack um das Ei formen. In Mehl den 2 verquirlten Eiern sowie den Semmelbrösel panieren. Bei den weiteren 3 Eiern diesen Vorgang wiederholen.
4. Bei 180 Grad die mit Öl eingepinselten Mett-Eier für gute 15 Minuten frittieren.
5. Eignet sich als Beilage zu Salaten.

Kartoffelpuffer

Arbeitszeit: 30 bis 60 Minuten Schwierigkeitsgrad: einfach

Zutaten für 2 Portionen:

- 10 Kartoffeln
- 1 gehackte Zwiebel
- 1 Ei
- 1 TL Öl
- 4 EL Mehl
- Pfeffer und Salz

Zubereitung

1. Die geschälten Kartoffeln in eine große Schüssel reiben und mit Mehl, Pfeffer und Salz, sowie dem Ei und der klein gehackten Zwiebel gut vermischen. Im Nachgang einige Minuten ziehen lassen.
2. Nun die ausgetretene Flüssigkeit abgießen und jeweils eine kleine Handvoll Teig nehmen ausquetschen und kleine Taler daraus formen, die sogenannten Kartoffelpuffer.
3. Nach und nach diese auf den eingefetteten Rost der Heißluftfritteuse geben und die Puffer mit Öl bepinseln.
4. Für ca. 10 Minuten bei 200 Grad goldbraun ausbacken lassen.
5. Eignet sich als Beilage für Lachs und Salate.

Fladenbrot

Arbeitszeit: 60 Minuten Schwierigkeitsgrad: einfach

Zutaten für 4 Portionen:

- 150 g Weizenmehl
- ½ TL Zucker
- Schwarzer Sesam
- 90 ml lauwarmes Wasser
- 10 ml Olivenöl
- 10 g frische Hefe
- ½ TL Zucker
- Thymian
- Pfeffer und Salz

Zubereitung

1. In etwas lauwarmes Wasser die zerbröselte Hefe und dazu ½ TL Zucker geben. Die Hefe an einen warmen Ort stellen und gehen lassen.
2. In eine Schüssel Salz, Mehl und lauwarmes Wasser mit der aufgelösten Hefe geben. Anschießend zu einem glatten Teig verarbeiten und diesen wiederum an einem warmen Ort 1 Stunde gehen lassen.
3. Nun das Backpapier für den Backblecheinsatz zuschneiden und den Hefeteig darauf drapieren, damit die ganze Fläche gleichmäßig belegt wird.
4. Kleine Mulden mit dem Stil eines Kochlöffels eindrücken und auf den gesamten Teig Olivenöl träufeln. Nun nochmal 30 Minuten in der Heißluftfritteuse gehen lassen.
5. Den schwarzen Sesam und Thymian auf dem Teig verteilen und bei 200 Grad ca. 8 bis 10 Minuten lang ausbacken.
6. Eignet sich als Beilage zu Gemüse, Fisch und Fleisch.

Mediterranes Gemüse

Arbeitszeit: 30 bis 60 Minuten Schwierigkeitsgrad: einfach

Zutaten für 4 Portionen:

- 8 braune Champignons
- 8 Kirschtomaten
- ½ Aubergine
- ½ Zucchini
- 1 Knoblauchzehe
- 1 rote Spitzpaprika
- 1 Schalotte
- 2 TL TK-Kräuter
- 2 EL Olivenöl
- 1 TL Kräutersalz
- Pfeffer und Salz

Zubereitung

1. Die gewaschenen Auberginen in ca. 1 cm dicke Scheiben schneiden, kräftig salzen und 1 Stunde stehen lassen. Im Nachgang unter fließendem Wasser abspülen und mit Küchenkrepp abtupfen.
2. Die gewaschene Spitzpaprika entkernen und klein würfeln. Anschließend die gewaschenen Kirschtomaten halbieren und die ebenfalls gewaschene Zucchini in ¼ dicke Scheiben schneiden und die geputzten Champignons vierteln. Nachfolgend den Knoblauch sehr fein hacken.
3. Alles vermischen und mit Pfeffer, Kräutersalz und dem Olivenöl gut vermengen. Bei 180 Grad ca. 15 Minuten lang garen.
4. Eignet sich als Beilage zu Fisch, Fleisch und Nudelgerichten.

Überbackene Zucchini

Arbeitszeit: 5 bis 15 Minuten Schwierigkeitsgrad: einfach

Zutaten für 2 Portionen:

- 2 Zucchini
- 2 Scheiben Käse
- 1 EL Olivenöl
- 1 kleine Knoblauchzehe
- Pfeffer und Salz

Zubereitung

1. Die gewaschenen Zucchini vom Strunk befreien und der Läge nach halbieren, danach salzen und kurz stehen lassen. Somit entweicht genügend Wasser. Nachfolgend gut abtupfen.
2. Nun den Knoblauch schälen und in sehr dünne Scheiben schneiden, anschließend in einer Pfanne mit Öl kurz anbraten, ebenso die Zucchini von beiden Seiten kurz anbraten und in die Backform der Heißluftfritteuse geben und mit Käse belegen.
3. Bei 150 Grad so lange überbacken bis der Käse geschmolzen ist.
4. Eignet sich als Beilage zu Fisch und Fleisch.

Mini-Quiche im Schinkenkörbchen

Arbeitszeit: 30 Minuten Schwierigkeitsgrad: normal

Zutaten für 4 Portionen:

- 2 Schalotten
- 4 Eier
- 100 ml Milch
- 8 Scheiben Schinken
- ½ TL Petersilie
- 80 g Gruyère
- Pfeffer und Salz
- Silikon-Muffin-Form

Zubereitung

1. Die gewürfelten Schalotten, Milch, Käse, Eier sowie Pfeffer und Salz in eine Schüssel geben und gut verrühren.
2. In die Muffin-Förmchen die Schinkenscheiben drücken bis der Boden der Form wiederum gut bedeckt ist. Nun die Eimischung darauf verteilen und bei 160 Grad ca. 20 Minuten lang backen.
3. Eignet sich als Beilage zu Salaten sowie gegrilltem Fisch und Fleisch.

Feta-Dreiecke

Arbeitszeit: 15 bis 30 Minuten Schwierigkeitsgrad: einfach

Zutaten für 14 Portionen:

- 100 g Fetakäse
- 1 Eigelb
- 2 EL Olivenöl
- 2 EL fein gehackte frische Petersilie
- 1 Stange Frühlingszwiebel
- 5 Platten Filou Teig (TK-Ware)
- Pfeffer und Salz

Zubereitung

1. Den zerbröselten Fetakäse, die gehackte Petersilie, die feingeschnittene Frühlingszwiebel gut miteinander vermengen und mit Pfeffer und Salz abschmecken.
2. Den aufgetauten Filo Teig in drei Streifen schneiden und jeweils 1 vollen Teelöffel der Feta-Mischung darauf verteilen.
3. Nun eine Ecke des Teigs über die Füllung schlagen, so dass ein Dreieck entsteht. Nachfolgend den Streifen zickzackförmig einschlagen. Solange bis die Füllung in ein Teigdreieck eingewickelt wird. Diesen Vorgang mit den anderen Teigblättern wiederholen.
4. Alle Dreiecke mit Öl einpinseln und in den Frittier-Korb der Heißluftfritteuse geben und bei 200 Grad gute 3 bis 5 Minuten ausbacken.
5. Eignet sich als Beilage zu Fisch, Salaten und Fleisch.

Lauwarmer Brotsalat mit Ofengemüse

Arbeitszeit: 30 bis 60 Minuten Schwierigkeitsgrad: einfach

Zutaten für 1 Portion:

- 1 Semmel oder Ciabatta vom Vortag
- Olivenöl
- 1 rote Paprika
- 100 g Pfifferlinge
- ½ Zucchini
- Frischer Thymian
- 1 kleine Zwiebel
- 5 Kirschtomaten
- Balsamico Essig
- ½ Zehe Knoblauch
- Pfeffer und Salz

Zubereitung

1. Die gewürfelte Semmel mit Olivenöl beträufeln und für 4 Minuten bei 180 Grad knusprig bräunen.
2. Paprika, Zucchini und Tomaten waschen putzen und würfeln. Im Nachgang die Pfifferlinge putzen und in feine Scheiben schneiden und den geschälten Knoblauch fein hacken.
3. Die Zwiebel ebenfalls schälen, kleinwürfelig schneiden und das gesamte Gemüse miteinander vermischen, mit Pfeffer, Salz und Thymian würzen.
4. Auf das Backblech der Heißluftfritteuse geben und bei 180 Grad ca. 10 Minuten lang garen. Hin und wieder wenden.
5. Ist das Gemüse leicht abgekühlt mit den knusprigen Brotwürfelchen mischen und mit Balsamico Essig verfeinern.
6. Eignet sich als Beilage zu gegrilltem Fisch und Fleisch.

Dessert/Nachspeise

Scheiterhaufen mit feiner Vanillesauce

Arbeitszeit: 30 bis 60 Minuten Schwierigkeitsgrad: einfach

Zutaten für 2 Portionen:

- 3 Eier
- 50 g Zucker
- 3 alte Semmel
- 1 Prise Salz
- 1 Prise Zimt
- 150 ml Milch
- 3 Äpfel
- 500 ml Milch
- 60 g Zucker
- Rosinen
- 1 Eidotter
- ½ Vanilleschote
- 30 g Maizena

Zubereitung

1. Die Semmeln in dicke Scheiben schneiden und nachfolgend bei den gewaschenen Äpfeln das Kerngehäuse entfernen sowie feinblättrig schneiden. Dann in eine Schüssel mit Zimt und Rumrosinen geben und alles gut vermengen.
2. Zwischenzeitlich die Backform mit der Butter ausstreichen.
3. Nun 3 Eier trennen und deren Dotter mit der Milch verrühren und das Eiklar beiseitestellen.
4. In die Eiermilch Mischung die Semmelscheiben tauchen und in die Backform schichten. Die Äpfel von Schicht zu Schicht gleichmäßig im Wechsel verteilen. Die restliche Eiermilch Mischung über die Semmeln und Äpfel verteilen und bei 165 Grad 30 Minuten lang ausbacken.
5. Das Eiklar zu Eischnee schlagen und nach und nach Zucker einrieseln lassen. Die Masse auf dem Scheiterhaufen verteilen und nochmals weitere 5 Minuten bei 175 Grad backen.
6. Anschließend auskühlen lassen.
7. Die ausgekratzte Vanilleschote mit der Milch in einem Topf zum Kochen bringen. Nun etwas Maizena und 2 Eidotter hinzufügen und glattrühren.
8. Den Scheiterhaufen mit der Vanillesauce servieren.

Gebackene Banane

Arbeitszeit: 15 bis 30 Minuten Schwierigkeitsgrad: einfach

Zutaten für 2 Portionen:

- 2 Bananen
- Etwas Honig
- Butter
- Öl
- Filo- oder Jufka Teig

Zubereitung

1. Den ausgerollten Teig mit geschmolzener Butter bestreichen.
2. Die geschälte halbierte und gedrittelte Banane darauf geben und mit Honig beträufeln. Die Banane im Teig einrollen und von außen den Teig nochmals mit Butter bestreichen.
3. Gute 3 Minuten bei 200 Grad in der Heißluftfritteuse frittieren. Dazu passen Schlagesahne oder Schokosoße.

Kürbis-Mus

Arbeitszeit: 30 bis 60 Minuten Schwierigkeitsgrad: einfach

Zutaten für 6 Portionen:

- 1,2 kg Butternut Kürbis
- 3 Äpfel
- 250 g getrocknete Aprikosen
- 3 EL Zitronensaft frisch gepresst
- 0,33 l Orangensaft
- 2 Vanilleschoten
- 200 ml Wasser

Zubereitung

1. Den gewaschenen Butternut Kürbis schälen und das Kerngehäuse entfernen in kleine Würfel schneiden, ebenso die Aprikosen.
2. Das Mark der Vanilleschoten auskratzen.
3. Alle Zutaten in die Heißluftfritteuse geben, sowie Zitronen- und Organgensaft, Äpfel, Kürbis, Aprikosen und das Vanillemark. Gute 20 Minuten bei 160 Grad garen und immer wieder verrühren. Das Ganze in einem Mixer geben und gut abschmecken.
4. Anschließend in ein Glas füllen. Das Mus kann mit Sahne oder Eis serviert werden.

Walnusskuchen

Arbeitszeit: 30 bis 60 Minuten Schwierigkeitsgrad: einfach

Zutaten für 1 Portion – Singlevariante –

- 50 g gehackte Walnüsse
- 100 g Puderzucker
- 200 g Mehl
- 1 TL Backpulver
- 1 TL Vanillezucker
- 2 Eier
- 0,25 l Rapsöl
- 1 kleiner Becher Naturjoghurt

Zubereitung

1. Alle Zutaten abmessen, in eine Rührschüssel geben und miteinander verquirlen.
2. Die Backform der Heißluftfritteuse gut einfetten und den Teig einfüllen. Alles bei 165 Grad gute 25 Minuten ausbacken. Einfach eine Holzstäbchen Probe vornehmen, ob der Kuchen auch fertig ist.
3. Auf dem Kuchengitter auskühlen lassen.

Mini Marmorkuchen

Arbeitszeit: 30 bis 60 Minuten Schwierigkeitsgrad: normal

Zutaten für 12 Portionen

- 1 Ei
- 200 ml Buttermilch
- 140 g Zucker
- 260 g Mehl Typ 405
- 140 g weiche Butter
- 2 TL Backpulver
- 1 Prise Salz
- 1 Vanilleschote
- 30 g Backkakao
- 50 g weiße Schokolade
- 50 g Zartbitterschokolade
- 12 Silikon-Muffin-Förmchen

Zubereitung

1. Das Backpulver, Mehl und Salz miteinander vermengen. In einer anderen Schüssel das Ei, Butter und Zucker mit dem Mixer verrühren bis der Zucker sich aufgelöst hat. Nun das Mehl und die Buttermilch im Wechsel untermengen, bis ein glatter Teig entsteht.
2. Nun den Teig halbieren und einem Teil die ausgekratzte Vanille und weiße flüssige Schokolade zuführen und gut vermengen, in den anderen Teig den Kakao mit dem Handmixer unterrühren. Solange bis sich dieser auflöst.
3. Anschließend die 12 Förmchen bereitstellen und oben beim Auffüllen den Rand ca. 0,5 cm frei lassen. Einmal die Hälfte des hellen Teigs und einmal die Hälfte des dunklen Teigs einfüllen. Mit einem Holzspieß vorsichtig spitalförmig auf- und abwärts bewegen. Somit vermischen sich die Teigsorten.
4. Nun bei 160 Grad für 18 Minuten ausbacken und die kleinen Küchlein auskühlen lassen.
5. Zwischenzeitlich die dunkle Schokolade schmelzen und die Küchlein darin eintauchen.

Krapfen gefüllt

Arbeitszeit: 60 Minuten Schwierigkeitsgrad: normal

Zutaten für 12 Portionen:

- 100 ml lauwarme Milch
- 1 Würfel Hefe
- 3 Eigelbe
- 100 g Zucker
- 500 g Mehl
- 1 Prise Zucker
- 3 EL Mehl
- 1 Schuss Rum
- Etwas flüssige Butter
- Puderzucker zum Bestreuen
- 1 Glas Marmelade der Wahl
- 150 ml Milch
- 1 große Spitztüte

Zubereitung

1. Die Hefe in der 100 ml lauwarmen Milch zerbröseln und auflösen lassen. Dabei eine Prise Zucker nicht vergessen und 3 EL Mehl miteinrühren.
2. Den Rum, Zucker und Eigelb mit dem Handmixer verrühren und 500 g Mehl hinzufügen und langsam einrühren. Im Anschluss 150 ml Milch einrühren bis ein glatter Teig entsteht. Jetzt die aufgegangene Hefe dazugeben und unterrühren, danach 1 Stunde an einem warmen Ort rasten lassen.
3. Den Teig auf eine bemehlte Arbeitsfläche legen und in 12 Teigteilchen teilen und diese so formen, dass runde Krapfen entstehen.
4. Die Teiglinge mit einem Handtuch abdecken und weitere 10 Minuten gehen lassen.
5. Im Nachgang mit flüssiger Butter bestreichen und bei 190 Grad 6 Minuten lang ausbacken und wenn nötig, nochmals 2 Minuten nachbräunen. Zwischendurch immer wieder kontrollieren.
6. Anschließend auf einen Gitterrost legen und auskühlen lassen.
7. Die Marmelade, wenn gewünscht mit Rum mischen und mit der Spitztüte seitlich in die Krapfen spritzen und mit Puderzucker bestäuben.

Beerenschmarrn

Arbeitszeit: 30 bis 60 Minuten Schwierigkeitsgrad: einfach

Zutaten 4 Portionen:

- 125 ml Milch
- 3 Eier getrennt
- 1 Prise Salz
- 2 EL Zucker
- 80 g Heidelbeeren
- 40 g Mandelblätter
- 1 EL Zitronensaft
- 65 g Mehl
- 100 g Himbeeren
- 2 cl Rum
- Puderzucker zum Bestreuen
- Butter zum Einfetten

Zubereitung

1. Mit dem Mixer 3 Eiweiß und 1 EL Zucker steif schlagen.
2. In einer anderen Schüssel wiederum 1 EL Zucker, Mehl, Milch, Rum, Zitronensaft und Salz zu einem glatten Teig verrühren.
3. Nun den Eischnee vorsichtig unterheben und die Früchte hinzugeben und in einer gefetteten Form der Heißluftfritteuse bei 180 Grad 15 Minuten lang backen.

Käsekuchen cremig und gut

Arbeitszeit: 30 bis 60 Minuten Schwierigkeitsgrad: einfach

Zutaten für 8 Portionen

- 200 ml Sahne
- 500 g Quark
- 1 Packung Vanillepudding
- 2 Eier
- 120 g Zucker
- 2 Päckchen Vanillezucker
- 1 Prise Salz

Zubereitung

1. Die Eier, Zucker und den Vanillezucker schaumig rühren und die restlichen Zutaten hinzufügen und unterrühren.
2. Im Nachgang die Kuchenform einfetten und den Teig hineingeben und bei 150 Grad gute 35 Minuten backen.
3. Den Kuchen aus der Form nehmen, wenn er gut abgekühlt ist.

Apfelscheiben gebacken mit Zimt

Arbeitszeit: 15 bis 30 Minuten Schwierigkeitsgrad: einfach

Zutaten für 4 Portionen:

- 4 große Äpfel
- 1 Packung Plunderteig
- 4 EL Zucker
- 1 TL Zimt
- 1 Ei
- 2 EL gehackte Haselnüsse

Zubereitung

1. Die gewaschenen und geschälten Äpfel in dicke Scheiben schneiden und dabei das Kerngehäuse entfernen.
2. Die Apfelscheiben mit Zimt und Zucker in einer Schüssel wenden.
3. Nun den Plunderteil in schmale Streifen schneiden und jeden Apfelring mit Teigstreifen umwickeln.
4. Nachfolgend mit einem verquirlten Ei bestreichen und mit den gehackten Haselnüssen bestreuen.
5. Bei 180 Grad ca. 12 Minuten ausbacken und heiß servieren. Wer möchte, kann noch Zimt und Zucker darüber streuen.

Beeren-Buscetta süß

Arbeitszeit: 15 bis 30 Minuten Schwierigkeitsgrad: einfach

Zutaten für 4 Portionen:

- 250 g gemischte frische Beeren
- 8 Milchbrötchen
- 50 g Frischkäse
- 100 g Quark
- 50 g Puderzucker
- 1 EL Zitronensaft
- 1 Dotter

Zubereitung

1. Die Milchbrötchen halbieren.
2. Quark, Frischkäse und Dotter glattrühren und den Zitronensaft sowie Puderzucker hinzufügen.
3. Im Anschluss die obere Hälfte der Brötchen mit Ei bestreichen und die Quarkmasse auf den Milchbrötchen verteilen und bei 160 Grad für 12 Minuten ausbacken.
4. Anschließend abkühlen lassen und die gewaschenen Beeren darauf verteilen und mit Puderzucker bestreuen.

Schneenocken mit Vanillemilch

Arbeitszeit: 15 bis 30 Minuten Schwierigkeitsgrad: einfach

Zutaten für 4 Portionen:

- 500 ml Milch
- 60 g Puderzucker
- 1 Prise Salz
- 90 g Zucker
- 2 Eier
- 1 Prise Salz
- 1 Vanilleschote
- 1 EL Zitronensaft
- 1 EL Honig

Zubereitung

1. Das Eiklar mit Salz zu Eischnee schlagen und nach und nach Kristallzucker hinzufügen.
2. Den Puderzucker mit der Milch und dem ausgekratzten Vanillemark in die Backform geben, glattrühren und bei 180 Grad für 5 Minuten erhitzen.
3. Mit zwei befeuchteten Löffeln Nocken aus dem Eischnee formen und in die erhitzte Milch legen und bei 90 Grad (aber nicht mehr kochend) die Nocken 4 Minuten ziehen lassen. Die Nocken aus der Milch nehmen und diese mit Dotter zügig verrühren. Die Milch sollte dabei nicht mehr kochen.
4. Vanille Milch über die Nocken gießen und heiß servieren.

Schokokokse zum Kaffee

Arbeitszeit: 15 bis 30 Minuten Schwierigkeitsgrad: einfach

Zutaten für mehrere Portionen:

- 1 Ei
- 60 g geschmolzene Butter
- 200 g Mehl
- 20 g Kakaopulver
- 100 g Cashew Kerne
- 60 g Zucker
- 1 TL Backpulver
- 1 Prise Salz

Zubereitung

1. Kakaopulver, Zucker, Salz, Mehl und Backpulver vermengen.
2. Die Butter wiederum schmelzen und ein aufgeschlagenes Ei hinzugeben und das ganze gut vermengen.
3. Anschließend gewünschte Formen ausstechen und die Kekse mit den zermahlenen Cashew Kernen bestreuen und bei 175 Grad für ca. 8 Minuten backen.
4. Leckere Kekse zu einem feinen Kaffeegenuss.

Brandteigkrapferl mit Lebkuchencreme

Arbeitszeit: 30 Minuten Schwierigkeitsgrad: normal

Zutaten für 4 Portionen:

- 80 g Butter
- 80 g Mehl
- 125 ml Milch
- 3 Eier
- 350 g Mascarpone
- 1 Prise Salz
- 100 g Lebkuchen oder Honigkuchen
- 1 unbehandelte Orange
- 1 Prise Zimt
- 1 TL Vanillezucker

Zubereitung

1. In einem Topf die Milch mit Salz aufkochen lassen und dabei nach und nach Mehl unter ständigem Rühren einarbeiten, bis sich der Teig vom Rand löst.
2. Nun den Topf vom Herd nehmen und die aufgeschlagenen Eier relativ zügig einrühren und die noch warme Masse in einen Spritzbeutel mit Sterntülle geben.
3. Mit einem Backpapier die Grilltasse der Heißluftfritteuse auslegen und in einem Abstand die Krapfen drauf dressieren und bei 175 Grad ca. 15 bis 20 Minuten lang ausbacken. Den Vorgang wiederholen bis der Brandteig aufgebraucht ist.
4. Die Lebkuchen oder den Honigkuchen mit einer Küchenmaschine fein reiben und mit dem frischen Orangensaft, Vanillezucker und der Mascarpone verrühren.
5. Die Creme für 15 bis 30 Minuten kalt stellen und die abgekühlten Brandteigkrapfen füllen. Anschließend mit Puderzucker bestreuen.

Heidelbeerschmarrn

Arbeitszeit: 15 bis 30 Minuten Schwierigkeitsgrad: einfach

Zutaten für 2 Portionen:

- 65 g Mehl
- 125 ml Milch
- 1 EL Zucker
- 3 Eiweiß
- 3 Eigelbe
- Ein Schuss Rum
- Zitronensaft
- 40 g Mandelsplitter
- 1 EL Vanillezucker
- 1 TL Butter
- 1 TL Butter
- 1 Prise Salz
- Puderzucker
- 100 g Heidelbeeren

Zubereitung

1. In einer Schüssel das Eiweiß mit Zucker zu festem Eischnee schlagen.
2. In einer 2.ten Schüssel Mehl, Eigelb, Milch, Heidelbeeren, Mandelsplitter, Zitronensaft, Rum, eine Prise Salz und Vanillezucker zu einem glatten Teig verrühren.
3. Unter den Teig den Eischnee heben und im Nachgang 1 TL Butter in die Form geben. Nun den Teig in die Backform der Heißluftfritteuse gießen und bei 180 Grad für gute 10–13 Minuten backen.
4. Den Schmarren mit Puderzucker bestäuben und karamellisieren lassen.
5. Den Heidelbeerschmarren herausnehmen und mit 2 Gabeln vorsichtig auseinander zupfen.

Schoko Cupcakes

Arbeitszeit: 30 bis 60 Minuten Schwierigkeitsgrad: einfach

Zutaten für 2 Portionen:

- Silikon Form für Cupkaes
-
- Teig:
- 25 g Zucker
- 1 Prise Salz
- 2 TL Kakaopulver
- 125 g Butter
- 2 Eier
- 2 EL Milch
- 1 TL Backpulver
- 125 g Mehl
-
- Topping:
- 200 g Butter
- 50 g Puderzucker
- Schokolade
- 250 g Vanillepudding

Zubereitung

1. Als erstes das Mehl mit Backpulver und Kakaopulver gut versieben.
2. Anschließend den Zucker mit Butter sowie Salz cremig schlagen. Die Eier nach und nach unterrühren. Nun die Milch hineingießen und unter die Mehlmischung unterheben.
3. In die Silikonförmchen den Teig maximal zwei Drittel hoch einfüllen und bei 185 °C für ungefähr 12 Minuten in der Heißluftfritteuse backen und vollständig auskühlen lassen.
4. Die Schokolade über dem Wasserbad erhitzen, schmelzen lassen und wiederum auskühlen lassen.
5. Nun die Butter in Flöckchen nach und nach in den Pudding ein mixen. Dabei sollte eine schaumige Masse entstehen und jetzt die Schokolade untermengen.
6. Anschließend die leckere Buttercreme auf den ausgekühlten Schokos Cupcakes dressieren.

Milchrahmstrudel mit Milch

Arbeitszeit: 30 bis 60 Minuten Schwierigkeitsgrad: normal

Zutaten für 2 Portionen:

- ½ Packung Strudelteig
- 3 Scheiben Toast
- 50 g flüssige Butter
- 2 Eier
- 50 g Puderzucker
- 125 g Quark
- 1 Päckchen Vanillezucker
- 1 Spritzer Rum
- Den Abrieb einer Zitronenschale
- Rosinen nach Belieben
- 1 Prise Salz

Zubereitung

1. Die Butter schmelzen und die Eier trennen. Das Eiklar mit der einer Prise Salz zu festem Eischnee schlagen. Den Eidotter mit dem Quark und der Hälfte der flüssigen Butter, Puderzucker, Rosinen, Rum sowie Vanillezucker und dem Zitronenabrieb unterheben.
2. Das gewürfelte Toastbrot ca. 1 x 1 cm mit dem Eischnee unter die Quarkmasse geben.
3. Die Strudelblätter ausbreiten und halbieren, sowie 2 halbierte Teigblätter buttern und die beiden anderen Hälften darüber geben. Nun die Teigblätter auf ein bemehltes und sauberes Küchentuch legen und mit flüssiger Butter einpinseln.
4. In die Backform legen und mit der übrigen Butter bestreichen und bei 170 Grad in der Heißluftfritteuse gute 10 Minuten anbacken.
5. Milch und Vanillezucker, die 4 Eier und Sahne verquirlen und über den Strudel verteilen. Nun bei 160 Grad für 30 bis 35 Minuten fertig backen und mit Puderzucker bestreuen und servieren.

Kokos-Kakao Kuchen

Arbeitszeit: 60 Minuten Schwierigkeitsgrad: normal

Zutaten für 4 Portionen:

- 3 Eier
- 250 g Kakao
- 250 g Zucker
- 250 ml Sauerrahm
- 125 ml Pflanzenöl
- 250 g Kokosraspeln
- 250 g Mehl
- 1 Päckchen Backpulver

Zubereitung

1. Das Öl, Eier, Zucker und den Sauerrahm auf höchster Stufe des Mixers cremig mixen. Anschließend die anderen Zutaten nach und nach hinzufügen.
2. Nun den Teig in die Backform geben und für 180 Grad für ungefähr 60 Minuten backen.

Mohnkuchen saftig mit Birne

Arbeitszeit: 60 Minuten Schwierigkeitsgrad: normal

Zutaten für 4 Portionen:

- 250 g Mascarpone
- 120 g Mehl
- 4 Eier
- 4 Birnen
- 30 g Stärkemehl
- 60 g Zucker
- 80 g gemahlener Mohn
- 1 Päckchen Vanillezucker
- 1 Prise Salz
- 50 g Puderzucker
- 1 Prise Zimt
- 1 Zitronenabrieb unbehandelt

Zubereitung

1. Die Eier trennen und mit den Eidottern, den Abrieb der Zitrone, Zimt, Puderzucker, Salz und Vanillezucker zu einer schaumigen Masse rühren.
2. Nachfolgend die gewaschenen Birnen schälen, vierteln, entkernen und in fingerdicke Spalten schneiden.
3. Nun das Eiklar zu Eischnee schlagen und nach und nach den Kristallzucker einrieseln lassen und mit Stärke, Mohn und Mehl vermischen, danach unter die Mascarponemasse heben.
4. Den Teig in die Backform geben schön glattstreichen und die Birnenspalten darauf ansehnlich drapieren.
5. Bei 165 Grad für 35 bis 40 Minuten in der Heißluftfritteuse backen.

Bananen-Schoko-Calzone

Arbeitszeit: 15 bis 30 Minuten Schwierigkeitsgrad: einfach

Zutaten 4 Portionen:

- 200 ml Sahne
- 4 EL Nougatcreme
- 2 EL gemahlene Haselnüsse
- 2 Bananen
- 1 Packung Strudelteig
- Zerlassene Butter zum Bestreichen

Zubereitung

1. Den Strudelteig ausbreiten etwas mit Butter bestreichen und 4 Kreise mit einem Durchmesser von 15 cm ausstechen. Anschließend je 1 EL Nougatcreme aufstreichen und jeweils am Rand 1 cm Platz freihalten.
2. Die geschälten Bananen in dünne Scheiben schneiden und auf die Nougatcreme drapieren und mit den Haselnüssen bestreuen.
3. Die Teigkreise zusammenklappen und alle Ränder gut festdrücken, danch 10 Minuten bei 200 Grad in die Heißluftfritteuse geben.
4. Die Sahne schlagen und auf die fertiggebackene Banane-Schoko-Calzone geben.

Zimtschnecken

Arbeitszeit: 60 Minuten Schwierigkeitsgrad: normal

Zutaten für mehrere Portionen:

- 50 g Zucker
- 25 g frische Hefe
- 200 ml Milch
- 500 g Mehl
- 1 Prise Salz
- 1 Ei (M)
- 100 g Butter
- 1 TL Zimt
- Zucker zum Bestreuen
- Zimt zum Betreuen

Zubereitung

1. Die Hefe in einem kleinen Topf mit Milch, Zucker einer Prise Salz und etwas Butter erwärmen und ruhen lassen.
2. Ist die Hefe aufgegangen das aufgeschlagene Ei und Mehl hinzugeben, danach zu einem glatten Teig verrühren und diesen 1 Stunde an einem warmen Ort stellen damit der Teig gehen kann.
3. In einem kleinen Topf eine Mischung aus Butter, Zimt und Zucker herstellen, diese erwärmen und gut verrühren, danach die nicht zu flüssige Mischung großzügig auf dem Teig verteilen.
4. Nun den Teig zusammenrollen und ca. 2 cm dicke Schnecken abschneiden und diese auf dem mit Backpapier in der Heißluftfritteuse auslegen. Anschließend bei 180 Grad für ca. 15 Minuten backen.
5. Nach 8 Minuten wenden und weiter ausbacken und nach der Backzeit mit Zimt und Zucker bestreuen.

Apfelkuchen

Arbeitszeit: 80 Minuten Schwierigkeitsgrad: normal

Wie zu Omas Zeiten nur mit der Technik von morgen kreiert.

Das hätten sich die Urgroßmütter niemals erträumen lassen, doch heute geht der Apfelkuchen mit der Zeit und liegt zudem voll im Trend. Schnell fix und einfach und dabei trifft die Tradition auf die Moderne.

Zutaten für mehrere Portionen:

- 120 g Mehl
- 40 g fein gemahlene Haselnüsse
- 2 bis 3 Äpfel je nach Größe
- 2 Eier der Größe M
- 1 Päckchen Vanillezucker
- 1 TL Backpulver
- 130 g Butter
- 120 g Zucker
- 1 TL Bratapfel Gewürz
- Etwas Milch für den Teig

Zubereitung

1. Eier schaumig rühren und mit dem Mehl und dem Backpulver verrühren.
2. Die Vanille in die zerlassene Butter geben und mit dem Bratapfelgewürz vermengen.
3. Im Nachgang alle Zutaten zu einem geschmeidigen Teig verrühren.
4. Die Form der Heißluftfritteuse mit ein wenig Butter ausstreichen und mit dem Teig befüllen.
5. Danach geben Sie die geschälten und in dünnen Scheiben geschnittenen Äpfel darauf.
6. Nun diese mit gemahlenen Haselnüssen bestreuen. Wer möchte, kann den Apfelkuchen gerade zur Winterzeit mit etwas Zimt betreuen.
7. Etwa 1 Stunde in der Heißluftfritteuse ausbacken. Schauen Sie dabei auf die herstellergerechte Temperaturangabe, die kann je nach Modell abweichen.
8. Gut abkühlen lassen und lecker verzehren. Kaffee, Tee cder Milch eigenen sich mit etwas Schlagsahne perfekt dazu.

Quarksoufflé

Arbeitszeit: 30 Minuten Schwierigkeitsgrad: normal

Ein Soufflé ist nicht immer die einfachste Variante und als schwierig bekannt. Doch die Heißluftfritteuse macht's möglich und die Mühe ist der Genuss allemal wert.

Zutaten für 1 Portion:

- 75 g Zucker
- 250 g Magerquark
- 2 Eier (M)
- 50 g Mehl
- ½ Päckchen Vanillezucker
- 1 Prise Salz
- 25 g Grieß
- 50 ml Milch
- 25 g weiche Butter

Zubereitung

1. Zuerst die Eier trennen und das Eigelb mit dem Zucker schön schaumig rühren. Im Anschluss den Magerquark unterheben.
2. Nun den Vanillezucker, das Mehl, Grieß und eine Prise Salz hinzufügen. Alles gut miteinander verrühren.
3. Das Eiweiß zu Eischnee schlagen und vorsichtig unter den Teig rühren.
4. Im Nachgang die Butterflocken und Milch in den Backeinsatz geben und die Quarkmasse darüber.
5. Nun ist alles gut in der Heißluftfritteuse untergebracht und diese kann auf 180 Grad erwärmt werden.
6. Backen Sie das Quarksoufflé ca. 15 Minuten aus.

Saftiger Schokoladenkuchen

Arbeitszeit: 30 Minuten Schwierigkeitsgrad: normal

Zutaten für 6 Portionen:

- 50 g Mehl
- 50 g Butter
- 1 Ei
- 40 g Zucker
- 50 g Schokolade mit einem Kakaoanteil von 70 % diese gerieben oder in Stücken
- 1 EL Kakao
- Kuchenform mit mind. 400 ml Fassungsvermögen, diese eingefettet

Zubereitung

1. Die Heißlustfritteuse auf 160 Grad vorheizen.
2. Mit einem Handmixer die Butter und den Zucker zu einer cremigen Masse verrühren.
3. Das Mehl und das ganze Ei mit dem Kakaopulver und einer kleinen Prise Salz einrühren und die Schokostücke mit dazu geben.
4. Kuchenform einfetten
5. Die Schokomasse in die Kuchenform geben und gut 25 Minuten backen.
6. Mit einem Zahnstocher kann in der Mitte des Kuchens ein Test vollzogen werden. Ist dieser trocken nach dem herausziehen, so ist der Kuchen auch fertig gebacken.
7. Den Kuchen nach dem Backvorgang abkühlen lassen.

Quarkzipfel

Arbeitszeit: 15 Minuten Schwierigkeitsgrad: leicht

Zutaten für 8 Portionen:

- 250 g Magerquark
- 250 g Mehl
- 50 ml Milch
- 125 g Zucker
- ½ Päckchen Backpulver
- 1 Päckchen Vanillezucker
- 2 Eier
- Öl
- Zucker nach Geschmack

Zubereitung

1. Alle Zutaten gut vermischen.
2. Die Heißluftfritteuse auf 180 Grad heizen und das Öl darin erhitzen.
3. Den Teig in eine Teigspritze geben und kleinere Portionen im heißen Öl nach und nach ausbacken.
4. Die kleinen Quarkzipfel auf ein Küchentuch legen und anschließen in Zucker wälzen.

Frittierte Bananen

Arbeitszeit: 30 Minuten Schwierigkeitsgrad: normal

Sie sind einfach nicht von der Speisekarte wegzudenken. Gerade in Asia-Restaurants sind sie der süße Begleiter und stets ein Gaumenkitzler.

Zutaten für 6 Portionen:

- 125 g Mehl
- 1 Eiweiß
- 1 EL Zucker
- 1 Päckchen Backpulver
- 1 Päckchen Vanillezucker
- 6 Bananen
- 4 EL Vollmilch
- 1 Prise Salz
- 3 Bic Limetten
- 125 g Honig
- 10 g Speisestärke
- Öl

Zubereitung

1. Reiben Sie die Limettenschale dünn ab und pressen die Limette dann aus. Rühren Sie den Honig in den Saft und lassen diesen kurz auf dem Herd aufkochen.
2. Anschließend 125 ml Wasser mit Speisestärke verrühren und in den kochenden Sud einrühren. Danach eine gute Minute kochen lassen und von der Herdplatte nehmen.
3. Milch, Zucker, Mehl, Salz, das Ei und den Vanillezucker zu einer homogenen Masse verrühren.
4. Nun die geschälten Bananen rundum mit dem flüssigen Teig bedecken und mit der Heißluftfritteuse bei 180 Grad goldgelb ausbacken. Das wenige Öl darin, zirkuliert im Inneren des Geräts und ist fettärmer als in einer normalen Fritteuse.
5. Dabei die gebackenen Bananen mit der Honig-Sauce übergießen.

Zitronen-Ricotta Käsekuchen

Arbeitszeit: 30 Minuten Schwierigkeitsgrad: leicht

Zutaten für 5 Portionen:

- 500 g Ricotta
- 1 Bio Zitrone
- 150 g Zucker
- 3 Eier (M)
- 3 EL Maisstärke
- 2 TL Vanille-Aroma

Zubereitung

1. Alle Zutaten zu einem Kuchenteig vermengen und in eine geeignete eingefettete Backform füllen.
2. Die Heißluftfritteuse auf 160 Grad einstellen und den Kuchen 25 bis 30 Minuten backen.
3. Schnell einfach und lecker im Geschmack.

Gebrannte Nüsse – Ein süßer Snack

Arbeitszeit: 30 Minuten Schwierigkeitsgrad: leicht

Zutaten für 4 bis 5 Portionen:

- 400 g gemischte Nüsse
- 2 bis 3 EL Öl
- 100 bi 200 g Zucker

Zubereitung

1. Alle Nüsse schälen auch die Mandeln. Ein kleiner Tipp, diese vorher in sprudelndes Wasser geben 2 Minuten aufkochen und mit kaltem Wasser abschrecken und die Haut kann einfach und schnell abgezogen werden.
2. Mit Öl und Zucker vermengen und in die Heißluftfritteuse geben.
3. Dann die Masse etwas darin ziehen lassen und ca. 20 Minuten bei 180 Grad garen. So entstehen gebrannte Nüsse und das nicht nur zur Weihnachtszeit.

Karottenkuchen mit Walnüssen

Arbeitszeit: 15 bis 30 Minuten Schwierigkeitsgrad: normal

Zutaten für 4 Portionen:

- 125 g Weizenmehl
- 125 g Karotten
- 75 g Walnüsse
- ½ Päckchen Backpulver
- 90 g Sonnenblumenöl
- 2 TL Zimt
- 100 g brauner Zucker
- 1 ½ EL Joghurt
- 2 Eier (M)
- ½ TL Salz

Zubereitung

1. Nüsse und Karotten zerkleinern und die restlichen Zutaten beimengen und zu einem Teig verarbeiten. Je nach Geschmack kann noch eine Vanilleschote dazugegeben werden.
2. Im Nachgang den Teig in kleine Förmchen geben und in die Backform der Heißluftfritteuse geben. Die Förmchen gut vorher einfetten, bitte nicht vergessen!
3. Nun bei 160 Grad in der Heißluftfritteuse backen bei kleinen Förmchen reichen 15 Minuten aus. Bei einer größeren Backform bedarf es einer Backzeit von gut 30 Minuten.
4. Abkühlen lassen und mit Kaffee, Tee oder Milch genießen.

Lebkuchenschmarrn mit Mariellenröster

Arbeitszeit: 30 Minuten Schwierigkeitsgrad: normal

Einem Schmarrn zu wiederstehen, nein das geht einfach nicht und diese Form lässt nicht nur zur Weihnachtszeit den Genusspegel steigen.

Zutaten für mehrere Portionen:

- 2 Eiweiß extra
- 4 Eier getrennt
- 1 EL Birkenzucker (Yxlit) gesunder Zuckersatz
- 4 EL Mehl
- 2 TL Lebkuchengewürz
- 1/8 l Milch

Zubereitung

1. Nun geht's gleich mal lecker zur Sache. Den Eidotter mit Mehl und Milch gut verrühren und das Lebkuchengewürz mit beimengen.
2. Den Eischnee mit dem Birkenzucker aufschlagen und unter die Maße vorsichtig und mit Bedacht mischen.
3. Die Backmasse in die Heißluftfritteuse geben und bei 180 Grad ca. 8 bis 10 Minuten ausbacken.
6. Danach mit 2 Gabeln zerteilen und mit einem Mariellenröster anrichten.

Herzhaft deftig und anspruchsvoll

Gefüllte Avocado mit deftigem Hackfleisch

Arbeitszeit: 15 Minuten Schwierigkeitsgrad: leicht

Zutaten für 1 Portion:

- 100 g gemischtes Hackfleisch
- Geriebener Käse
- 1 Avocado
- Salz und Pfeffer

Zubereitung

1. Den Kern der Avocado entfernen und die Löcher mit dem gewürzten Hackfleisch befüllen. Hackfleisch vorher in der Pfanne scharf angebraten.
2. Mit geriebenem Käse bestreuen und für 10 Minuten in der Heißluftfritteuse fertiggaren bei 175 Grad.

Frittierte Fleischbällchen herzhaft und rund

Arbeitszeit: 30 Minuten Schwierigkeitsgrad: normal

Zutaten für 4 Portionen:

- 600 g gemischtes Hackfleisch
- 2 Scheiben Brot
- 1 TL gemahlener Kreuzkümmel
- 5 Petersilienzweige
- 1 Ei (M)
- Mehl
- 100 Hartkäse vorzugsweise Kaschkavalkäse aus Bulgarien

Zubereitung

1. Die Petersilie fein hacken und mit einem Ei verquirlen.
2. Das Brot in warmen Wasser einweichen. Die restliche Flüssigkeit gut herauspressen.
3. Das Hackfleisch mit allen Zutaten vermengen, bis auf den Käse.
4. Käse klein würfeln und in die Mitte der Fleischbällchen geben. Diese sollten alle in etwa die gleiche Größe aufweisen.
5. Der Käse muss im Fleisch eingeschlossen sein, sonst läuft er beim Garprozess hinaus.
6. Alle Bällchen gut in Mehl wenden. Danach kommen die Bällchen in den Korb der Heißluftfritteuse und werden bei 200 Grad 20 Minuten frittiert. (ohne weitere Fettzugabe)

Pizza mit rohem Schinken nach deftiger Art

Arbeitszeit: 30 Minuten Schwierigkeitsgrad: leicht

Zutaten für 2 Portionen:

- 400 g Tomatensoße
- 300 g Pizzateig (Wer möchte, kann diesen auch selbst zubereiten)
- 150 g Champignon
- 4 Scheiben rohen Schinken
- 200 g Mozzarella
- 10 g Butter
- Frische Basilikumblätter
- Mehl für die Arbeitsfläche
- Salz und Pfeffer

Zubereitung

1. Die Arbeitsfläche gut bemehlen den Pizzateig ausrollen und die Tomatensoße auf dem Teig verteilen.
2. Die Champignons und den Mozzarella jeweils in Scheiben schneiden und verteilen. Gut pfeffern und salzen.
3. Nun in die Heißluftfritteuse geben und bei 200 Grad ca. 15-20 Minuten knusprig backen.
4. Im Nachgang die frischen Basilikumblätter und den rohen Schinken darauf verteilen. Ein Glas Rotwein passt perfekt dazu.

Bohnen-Wurst-Eintopf – deftig lecker

Arbeitszeit: 40 Minuten Schwierigkeitsgrad: leicht

Zutaten für 4 Portionen:

- 400 g Nürnberger Rotbratwürste
- 1 kleine gewürfelte Schalotte
- 500 g Tomatenstücke (frisch oder aus der Dose)
- 700 g weiße Bohnen
- 200 ml Apfelsaft
- Rosmarin
- Basilikum
- Chiliflocken
- Thymian
- Salz und Pfeffer
- Petersilie zum Garnieren

Zubereitung

1. Etwa 12 Minuten lang bei 200 Grad die Würstchen in der Heißluftfritteuse garen und im Anschluss warmstellen.
2. Die gewürfelten Schalotten für ca. 5 Minuten bei 180 Grad dünsten. Die Tomaten, Bohnen, den Apfelsaft und die Kräuter mit beimengen und mit Salz und Pfeffer gut abschmecken.
3. Nochmals 10 Minuten bei 180 Grad garen.
4. Nun anrichten und die Würstchen über das Gericht verteilen und mit Petersilie garnieren.

Quark-Laibchen – Diese Bällchen runden deftig ab

Arbeitszeit: 30 Minuten Schwierigkeitsgrad: leicht

Zutaten für ca. 10 Portionen:

- 500 g Magerquark
- 30 g Semmelwürfel
- 2 Eier (M)
- 2 EL Brösel
- 3 EL Grieß
- 75 g Gourmetschinken
- 5 EL Parmesan
- Etwas Mohn
- 1 kleine Zwiebel fein gewürfelt
- ½ Stange Lauch fein geschnitten
- Muskat
- Salz und Pfeffer
- 1 TL Öl

Zubereitung

1. Eine einfache Zubereitung und daher für Zwischendurch und den Überraschungsbesuch gedacht. Alle Zutaten werden in einem Behälter oder einer Schüssel gut vermischt.
2. Anschließend etwa 10 bis 12 Laibchen (Bällchen) formen, die in einer multifunktionalen Heißluftfritteuse bestens ausgebacken können.
3. Bei ca. 180 Grad etwa 20 Minuten ausbacken. Ein wohlschmeckender Snack der deftig anmutend den kleinen Hunger stillt.

Deftige Käsekuchen-Muffins

Arbeitszeit: 15 bis 30 Minuten Schwierigkeitsgrad: leicht

Zutaten für 12 Muffins:

- Silikon Muffin Form
- 125 g Zucker
- 100 g Butter
- 3 Eier (M)
- 500 g Quark (20 %)
- ¼ TL geriebene Zitronenschale
- 50 g Mehl (Typ 405)
- 50 g Mandelplättchen diese geschält und gehobelt

Zubereitung

1. Zucker, Butter und die 2 Eigelb sowie 1 ganzes Ei schaumig schlagen.
2. Den Quark die Zitronenschale und die Mandelplättchen unterrühren. Danach alles unterheben und zu einem glatten sämigen Teig vermengen.
3. Die 2 Eiweiße zu Eischnee schlagen und unter die Masse heben.
4. Die Silikon Miniförmchen befüllen und in die Heißluftfritteuse geben.
5. Bei 160 Grad ca. 20 Minuten backen.

Pizzabrot einfach deftig gut

Arbeitszeit: 15 bis 30 Minuten Schwierigkeitsgrad: leicht

Zutaten für 4 Portionen:

- 250 g Mehl
- ½ Würfel frische Hefe
- 1 Ei
- 30 g Kräuterbutter
- 1 Prise Zucker
- Italienisches Pizzagewürz
- 1 EL Salz
- 100 ml Wasser
- Butter

Zubereitung

1. Für viele Italienfans ein Genuss und der gelingt wie folgt.
2. Einen geschmeidigen Hefeteig mit allen Zutaten bis auf die Butter verarbeiten. Achtung: Entweder den Teig am Vortag machen, oder den Teig ausreichend lange ziehen lassen. So kann sich auch die Hefe optimal verwirklichen und bestens aufgehen.
3. Anschließend in 4 Portionen (kleine Pizzabrote) formen, ausrollen und danach mit leckerer Kräuterbutter beschmieren.
4. Jedes Pizzabrot für sich wird bei 200 Grad etwa 10 Minuten in der Heißluftfritteuse gebacken.
5. Perfekt zu Salaten, als Vorspeise oder einfach nur so für Zwischendurch.

Schweinefilet mit Kartoffeln nach deftiger Art

Arbeitszeit: 30 bis 50 Minuten Schwierigkeitsgrad: normal

Zutaten für 3 Portionen:

- 400 g Schweinefilet
- 400 g geschälte festkochende Kartoffeln
- 1 EL Öl
- Salz und Pfeffer
- Paprika
- Dickflüssige Soße

Zubereitung

1. Eine schmackhafte Hausmannskost für den deftigen und herzhaften Genuss.
2. Die Kartoffeln waschen, schälen, in Würfel schneiden und gut trocken tupfen.
3. Diese mit 1 Esslöffel ÖL in der Heißluftfritteuse ca. 15 Minuten bei 180 Grad garen.
4. Im Nachgang das in Streifen geschnittene Schweinefleisch würzen und mit einem weiteren Esslöffel Öl und den Kartoffeln bei wiederum 15 Minuten garen.
5. Nun eine Soße nach Wahl in die Heißluftfritteuse geben und nochmals mit allen Zutaten 5 Minuten garen.
6. Ein frischer Salat bietet sich als Gegenstück optimal an.
7. Die Soße kann aus einem reduzierten Fond gewonnen werden, oder fertig gekauft werden. Eben je nach Geschmack und Verfügung. Nur sollte sie keinesfalls dünnflüssig sein.

Curryreispfanne – Asiatisch und deftig

Arbeitszeit: 30 Minuten Schwierigkeitsgrad: normal

Zutaten für 2 Portionen:

- 2 Paprika in gelb und rot
- Ein Kochbeutel Reis (der Einfachheit halber)
- 2 Stangen Porree
- 4 Tomaten
- 1 kleine Knoblauchzehe
- 2 TL Gemüsebrühe-Instant
- 75 g Frischkäse
- Öl nach Bedarf

Zubereitung

1. Erst den Reisbeutel nach Kochanleitung der Verpackung zubereiten.
2. Zwischenzeitlich die Paprika und den kleingehackten Knoblauch mit einem wenig Öl für ca. 6 Minuten bei 180 Grad in der Heißluftfritteuse garen. Danach den Gemüsefond oder die Gemüsebrühe von 250 ml ebenfalls in die Heißluftfritteuse geben. Die gewürfelten Tomaten mit beigeben und weitere 6 Minuten garen lassen.
3. Ist das Gemüse bereits bissfest, dann geben Sie den Frischkäse dazu und nochmals gute 5 Minuten garen lassen.
4. Nun den gekochten Reis unterrühren und fertig ist eine leckere Currypfanne nach gesundheitsbewusstem Niveau.

Schlusswort

Wir hoffen Ihnen schmecken meine 165 leckeren und vielfältigen Heißluftfritteuse Rezepte.

Wenn Ihnen dieses Kochbuch gefallen hat, dann würde ich mich sehr darüber freuen, wenn Sie mir auf Amazon eine gute Bewertung hinterlassen.

Jetzt Bewertung abgeben:

https://www.amazon.de/review/create-review/ref=cm_cr_dp_d_wr_but_top?ie=UTF8&channel=glance-detail&asin=B07DNCBP7L

Weitere Kochbücher von Sophie Engel

Suchen Sie nach weiteren leckeren, gesunden Gerichten? Dann empfehle ich Ihnen meine anderen Kochbücher mit vielfältigen Rezepten!

https://amzn.to/2GSOep0

DAMPFGRAREN REZEPTE: 150 Dampfgarer Rezepte für eine gesunde Zubereitung. Gesund und zeitsparend kochen mit dem Dampfgarer.

ISBN-13: 978-1790460779

https://amzn.to/2VuhCFy

BABYBREI SELBER KOCHEN: Gesunde Babynahrung ganz einfach selber kochen. Kochen für Babys: Von der Milch zur Beikost mit 37 Rezepten!

ISBN-13: 978-1790366934

Kontakt: Arthur Reisbich / Resedaweg 12 / 38518 Gifhorn

Coverfoto: Creativelog

Printed in Poland
by Amazon Fulfillment
Poland Sp. z o.o., Wrocław

49413944R00107